Par le sieur de La Coudraye

TRAITEZ
DE
METAPHYSIQUE,

DEMONTRE'E

SELON LA METHODE

DES GEOMETRES.

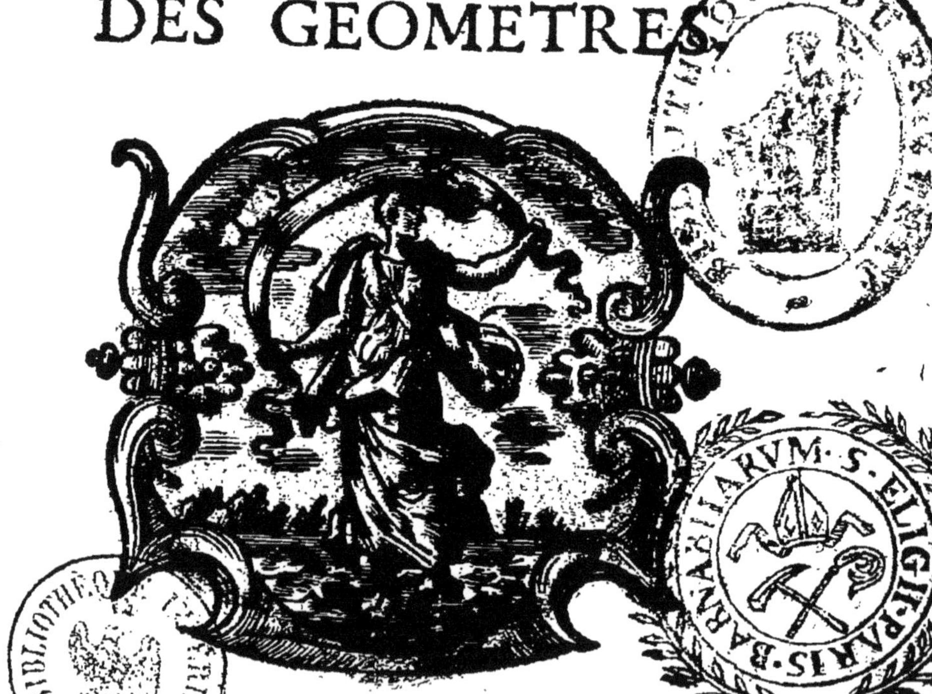

A PARIS,

Chez ANDRE' PRALARD, ruë S. Jacques, à l'Occasion.

M. DC. XCIII.

PREFACE.

LE ſujet par lequel je commence ces Traitez eſt ſi ſublime, que j'ai été tenté d'écouter ma pareſſe, qui pour me détourner de m'y appliquer, ſe couvroit d'un pretexte ſpécieux de Religion.

Elle me diſoit qu'il falloit ſe contenter d'adorer Dieu par un ſilence reſpectueux ; & que c'étoit être temeraire que d'entreprendre de contempler ſes perfections infinies.

Il s'en eſt peu fallu que je ne me ſois laiſſé ſurprendre par ces fauſſes apparences de pieté, & peut-être m'auroient-elles ſéduit, ſi je n'avois fait reflexion, qu'il eſt vrai que Dieu doit être adoré par le silence: mais qu'il faut que ce soit par un silence forcé qui vienne de la contemplation de ses perfections incomprehensibles, & non par un silence que produit une negligence criminelle, & d'autant plus dangereuse qu'elle a l'adresse de se déguiser sous une forme capable de la faire reverer comme une vertu.

Il est difficile de voir sans indignation, que tous les hommes devant s'appliquer uniquement, ou du moins principalement à connoître Dieu, autant qu'en sont capables des esprits finis: les uns passent leur vie dans l'oisiveté ou dans les plaisirs; les autres ne s'occupent que des objets de cent passions folles & dereglées: & la plûpart de ceux qui font profession de rechercher la verité, s'amusent à des connoissances inutiles ou dangereuses &

ſemblent ne penſer qu'à ſatisfaire leur vanité ou leur curioſité.

Entre ceux même qui s'appliquent à s'inſtruire ſolidement, ou à enſeigner les autres, il y en a beaucoup qui ne laiſſent pas de prendre pour la divinité même, quelque phantôme ſemblable, ou tout à fait, ou en partie, à ce qu'ils ſont, ou à ce qu'ils deſirent d'être, & s'en font une idole, à qui ils rendent un culte qui n'appartient qu'au ſeul Etre infiniment parfait.

Pluſieurs Philoſophes & quelques Theologiens, ne font nulle difficulté de corrompre l'idée naturelle qu'ils ont du vrai Dieu, par le mêlange monſtrueux de diverſes qualitez, ou de paſſions purement humaines qu'ils lui attribuent.

On convient neanmoins aſſez facilement, que c'eſt une extravagance de s'imaginer que Dieu ſoit ſemblable à l'homme ; mais quelqu'infinie que ſoit la diſproportion qu'on voit bien être entre l'infini en toutes façons, & tous les êtres particuliers, l'orgueil ſecret qui nous jouë à tous momens ſans que nous nous en appercevions, nous inſinuë adroitement que comme nous ſommes ſemblables à Dieu, il nous reſſemble en beaucoup de choſes.

Il eſt vrai que la foi corrige une partie de ces faux jugemens ; mais, outre qu'il y a peu de perſonnes qui reglent les ſentimens qu'ils ont de la Divinité, ſelon les pures idées que l'Ecriture ſainte nous en donne : les préjugez & les paſſions viennent ſouvent à la traverſe, & répandent dans l'eſprit des tenebres ſi épaiſſes, qu'elles obſcurciſſent inſenſiblement, du moins en partie, les plus vives lumieres que la foi répand dans les esprits.

J'ai crû que la voie la plus sûre pour éviter l'erreur dans un sujet, qu'il est de la derniere importance de connoître exactement ; c'étoit de s'élever au-dessus de tous les prejugez des sens, de l'imagination & des passions, & de consulter uniquement avec beaucoup d'attention, l'idée de l'être infiniment parfait.

Je crains bien neanmoins que mon attention n'ait été souvent divertie ou troublée par mille sentimens confus qui partageans malgré moi la capacité de mon esprit, l'ont détourné de l'entiere application qu'il devoit donner à la contemplation de cet être infini en toutes façons.

J'apprehende encore plus les illusions secretes de mes préjugez & de mes passions ; mais quelque ſujet que j'aie de me défier de mes forces & des pieges qui me ſont tendus de toutes parts, je n'ai pas voulu abandonner mon entrepriſe ; parce que ſi je me ſuis laiſſé éblouïr par de fauſſes lueurs, j'oſe eſperer que les efforts que j'ai faits pour les reconnoître ne ſeront pas tout-à-fait inutiles.

Si je ne ſuis pas arrivé par ce moïen à la connoiſſance de la verité, je croi avoir du moins, évité beaucoup d'erreurs, où donnent ceux, qui au lieu de conſulter la notion qu'ils ont du vrai Dieu, n'interrogent que leur ſentiment interieur, ou ſuivent aveuglement d'anciens prejugez, ou des opinions purement humaines.

Il y a des Philoſophes, & même des Theologiens, qui croient qu'on ne connoît aucun des attributs de Dieu ; qu'à parler exactement, il n'eſt ni la verité, ni la juſtice, ni la ſageſſe; que toutes ces perfections ne ſont que des ſymboles de la divinité, tels que la lumiere & le feu, & autres ſemblables, mais ſeulement plus parfaits & plus approchants de l'excellence de ſa nature. En un mot, qu'on ſçait bien ce que Dieu n'eſt pas; mais que ne connoiſſant rien de ce qu'il eſt, c'eſt une temerité d'aſſurer qu'aucune des perfections dont nous avons quelqu'idée, lui convienne veritablement.

Je n'ignore pas que des auteurs d'une profonde érudition, ſont dans ce ſentiment, & qu'ils pretendent l'appuïer par une foule de paſſages de Peres de l'Egliſe & d'anciens Philoſophes.

Je n'entreprens pas ici de faire voir que toutes ces autoritez pour qui j'ai tout le reſpect qui leur eſt dû, ne ſont pas ſi claires & ſi précises que ces Theologiens se l'imaginent. D'ailleurs, comme je ne connois point d'autres regles sûres de mes jugemens que l'évidence ou l'autorité infaillible, je croirois faire mauvais usage de ma raison si je me soumettois à toute autre autorité, jusques à abandonner une opinion qui me paroît évidente.

Je conviens avec ces auteurs, que tous les attributs de Dieu, étant non-seulement infinis, mais infiniment infinis, s'il est permis de parler ainsi, ils sont incomprehensibles à toute intelligence finie; mais encore qu'on ne puisse les comprendre, il ne s'ensuit pas de-là qu'on ne puisse les connoître ni s'assurer qu'ils conviennent à la Divinité.

Par exemple, quoique l'intelligence de Dieu soit infinie, & par consequent incomprehensible à l'esprit humain, on ne laisse pas de voir évidemment, que connoître tout, étant une perfection, & ignorer quelque chose, une imperfection, Dieu connoît tout & n'ignore rien.

On dira peut-être que la connoissance d'une infinité de choses, n'est qu'une simple negation ou privation d'ignorance.

Mais, on ne fait pas reflexion, qu'encore que la connoissance excluë l'ignorance, & par consequent en soit une negation, elle est en même-tems une perfection réelle & positive.

Car, si dés qu'une chose renferme une negation, on pouvoit conclure qu'elle n'est elle-même qu'une pure negation, il n'y auroit plus rien de positif, toutes choses ne seroient plus que des negations, tout être qui existe renfermant necessairement la negation de l'existence & de tout ce qu'il n'est pas.

Or, quand on affirme que Dieu a une intelligence infinie qui n'ignore rien, peut-on dire que l'on ne parle pas exactement, & qu'on n'attribuë pas alors à la Divinité, une perfection réelle & positive, mais seulement qu'on en exclut l'ignorance comme une imperfection?

Il est vrai que Dieu ne connoît pas à la façon des hommes, parce que toutes leurs connoissances sont accompagnées de plusieurs imperfections.

Mais, quoi-qu'il connoisse d'une maniere plus excellente, & où il ne se rencontre aucun defaut; la connoissance infinie qu'on lui attribuë, n'est pas seulement une simple negation de nôtre maniere de connoître; mais une perfection veritable que je ne puis retrancher de l'idée que j'ai de Dieu ſans la détruire entierement.

Quand on dit que l'étenduë eſt infinie, l'on n'entend pas ſeulement en retrancher tout ce qui eſt borné & fini; mais on affirme qu'elle contient une infinité de parties réelles.

Ainſi lorſque j'aſſure que Dieu eſt l'infini en perfection, je ne pretens pas ſeulement exclure de lui toutes ſortes d'imperfections; mais affirmer qu'il renferme dans ſon eſſence des perfections infinies: bien loin que cette propoſition ne ſoit qu'une ſimple negation de tout ce qui eſt imparfait; c'eſt, s'il eſt permis de parler ainſi, la poſition de toutes les realitez poſſibles.

Quand on dit que Dieu ſe ſuffit pleinement à lui-même, qu'il s'aime neceſſairement, qu'il eſt éternel, immenſe, ſage, tout-puiſſant; ne fait-on que retrancher la privation de certains defauts ? N'eſt-il pas au contraire, évident que tous ces attributs ſont des perfections infiniment réelles, & eſſentielles à la divinité ?

Il eſt vrai que, preſque tous les termes dont on ſe ſert pour exprimer les perfections divines, étant faits pour parler de celles qu'on remarque dans les créatures, on a coûtume d'y attacher des idées qui tiennent quelque choſe du neant ; de ſorte, qu'à prendre ces expreſſions dans leur ſignification ordinaire, elles ſont indignes de Dieu.

Mais, pour peu qu'on faſſe de reflexion, il eſt aiſé de voir, que lorſqu'il s'agit de parler de Dieu, ces ſortes d'expreſſions doivent être priſes dans un ſens qui en excluë toutes les imperfections, avec leſquelles ſe trouvent mêlées dans les hommes, les perfections qu'elles ſignifient.

Par exemple, quand on dit que Dieu eſt infiniment ſage, on ne veut pas dire qu'il l'eſt comme les hommes, dont la plus haute ſageſſe étant neceſſairement bornée, eſt toûjours défectueuſe en mille manieres. Mais, lorſqu'on affirme que Dieu eſt ſage, on aſſure que ſon intelligence eſt infinie, & qu'elle connoît tout de la maniere la plus excellente qu'on puiſſe concevoir, ou plûtôt d'une maniere incomprehenſible.

Or, prenant les perfections qu'on a coûtume d'attribuer à Dieu, dans un ſens qui en retranche toutes les limitations avec leſquelles elles ſe trouvent jointes dans les hommes; il eſt certain, que non-ſeulement on peut, mais qu'on doit les attribuer à Dieu: car, ſi en ce ſens elles ne lui convenoient pas proprement, on pourroit ſans craindre de lui ôter quelque choſe qui lui appartienne, ſoûtenir qu'il ne les poſſede pas.

Cependant, je ne penſe pas qu'on oſe dire, que Dieu ne ſe ſuffit pas pleinement à lui-même, qu'il n'eſt pas infiniment ſage, juſte, tout-puiſſant, éternel, infini, immenſe.

De plus, toutes ces perfections étant retranchées de l'idée de Dieu, je voudrois bien ſçavoir, ſi elle ſeroit encore l'idée de l'être infiniment parfait. Pourroit-on aſſurer que Dieu exiſte neceſſairement, qu'il eſt parfait, qu'il doit être preferé infiniment à toutes choſes, & que lui ſeul doit être l'objet de tous les mouvemens des eſprits ?

Je crains bien que ceux qui diſent qu'ils ne ſçavent rien de ce que Dieu eſt, & qu'ils connoiſſent ſeulement ce qu'il n'eſt pas, n'aient effacé de leur eſprit l'idée du vrai-Dieu, ou plûtôt qu'ils ne l'aient confonduë avec un certain phantôme que leur imagination s'est formé de l'assemblage des negations de tout ce qu'ils connoissent.

Ils diront sans doute, qu'ils ont de Dieu une plus haute idée que n'en a le commun des hommes, &que c'est ce qui fait qu'ils croient qu'on n'en peut parler comme il faut, parce que tout ce qu'on en peut dire étant infiniment au-dessous de lui, il faut se reduire au silence, ou se contenter d'en parler par des negations.

J'avouë qu'on ne peut avoir ni donner aux autres une trop grande idée de Dieu; mais il faut prendre garde, qu'à force de vouloir en donner une notion extraordinaire, on ne fasse perdre de vûë son idée veritable, qui n'est autre que celle de l'être infiniment parfait.

Car, si nous en consultons quelqu'autre, quelque sublime que nous l'imaginions, nous nous égarerons aussitôt pour courir aprés des chimeres ; vaines & ridicules idées, que l'imagination & les passions tâchent de mettre à la place du vrai Dieu.

Quand j'ai cherché les diverses causes de cette erreur, j'en ai trouvé cinq principales qui ont pû contribuer à son origine ou à son progrés.

La premiere, c'est que les hommes aïant accoûtumé d'attacher aux termes dont on use ordinairement pour exprimer les perfections divines des idées de perfections humaines, qu'ils voient bien être mêlées d'imperfections, ils se sont persuadez qu'elles sont indignes de Dieu, & ils n'ont pas fait reflexion que ces perfections pouvant être en Dieu, sans toutes ces limitations qui les accompagnent necessairement dans les créatures, elles sont essentielles à l'être infiniment parfait.

La seconde, c'est que faute de distinguer entre connoître & comprendre, on a regardé comme inconnu, ce qui est seulement incomprehensible, quoiqu'il y ait une tres-grande difference entre l'un & l'autre. Il est vrai que toutes les perfections divines sont incomprehensibles ; mais elles ne sont pas pour cela inconnuës. On voit bien qu'elles sont necessairement en Dieu quoiqu'on ne puisse expliquer exactement, ni ce qu'elles sont en elles-mêmes, ni les differens rapports qu'elles ont entre elles.

La troisiéme : les Platoniciens voulant se distinguer des autres Philosophes & du commun des hommes, & ne pouvant avoir d'autres idées de la Divinité que celle qui eſt commune à tous les eſprits, ont crû s'élever au-deſſus des autres Philoſophes en inventant de nouveaux termes, auſquels neanmoins ils n'ont pû attacher aucune idée diſtincte. Mais, comme la plûpart des hommes ſe païent de mots ſans examiner s'ils reveillent quelqu'idée claire, les amateurs de la philoſophie Platonicienne, ont crû que ces expreſſions aïant quelque ſignification plus ſublime que les termes ordinaires, il ne falloit emploïer que celles-là pour parler de Dieu dignement.

La quatriéme : un faux reſpect de la Divinité, pour qui on n'en peut avoir trop de veritable, a fait qu'on a crû la reverer davantage, en diſant qu'on n'en peut parler que par des negations, que d'en affirmer quelque choſe de poſitif.

On n'a pas fait reflexion que ce n'étoit pas la respecter, mais en quelque façon lui faire injure & lui dérober tout ce qu'elle a de perfections réelles, pour ne lui en attribuer que d'imaginaires. Le vrai Dieu possede assez de perfections veritables pour faire naître dans les esprits tous les sentimens d'estime, de respect & d'admiration, dont ils sont capables. C'est en quelque sorte le dégrader, que de le dépoüiller de tout ce qui le rend digne de respect & d'admiration pour substituer à sa place des termes vuides de sens, ou des phantômes dont on a nulle idée.

La cinquiéme : la negligence qu'on a euë de consulter l'idée de l'être infiniment parfait, seule capable de nous découvrir les perfections infinies du vrai Dieu. On a mieux aimé nier qu'on eût cette idée, ou s'en former une conforme aux préjugez & aux passions, que de s'élever au-dessus des sens, de l'imagination, & des passions pour la contempler. On a trouvé qu'il étoit plus facile de dire qu'on ne peut parler de Dieu que par des negations, qu'on ne sçait ce qu'il est, que d'examiner quelles sont les perfections qu'il possede veritablement.

Au reste, le dessein que je me suis proposé de ne dire rien qui ne soit exactement vrai, m'a déterminé a suivre la methode des Géometres dans un sujet où l'on n'a gueres coûtume de la mettre en usage, parce que je ne connois point d'autre voie pour parvenir sûrement à la connoissance de la verité.

Il n'y a que trop de Livres sur toute sorte de matieres, & cependant il y en a peu qui soient traitées avec quelque exactitude. La plûpart des auteurs ne se servent que de termes équivoques, qu'ils ne prennent pas soin de définir, & n'établissent pour principes que des notions confuses & sensibles : de sorte que leurs ouvrages ne sont qu'un tissu de faux raisonnemens, qui au lieu de conduire à la verité, jettent dans un abîme d'erreurs presque tous ceux qui les lisent sans les examiner attentivement.

Je ne pretens pas avoir dit des choses nouvelles ; j'ai seulement tâché de ranger par ordre, des veritez qui étant éparses çà & là en plusieurs differens Livres, & sur tout dans les ouvrages de l'Auteur de la Recherche de la verité, ne frappent pas, ce me semble, l'esprit aussi vivement qu'elles font lorsqu'elles sont ramassées dans un seul ouvrage.

Extrait du Privilege du Roi.

PAR Lettres Patentes données à Versailles le 21. jour d'Aoust 1693. signées par le Roy en son Conseil DE LA RIVIERE, & scellées du grand Sceau de cire jaune: Il est permis à nôtre bien-amé ANDRE' PRALARD, Libraire Imprimeur, d'imprimer ou faire imprimer, vendre & debiter par tous les lieux de l'obeïssance de Sa Majesté, un Livre intitulé, *Traitez de Metaphysique démontrée selon la methode des Géometres*, durant le temps & espace de dix années consecutives, avec défenses à tous Libraires, Imprimeurs & autres personnes, de quelque qualité qu'ils soient, de l'imprimer, vendre & debiter, à peine de confiscation des Exemplaires, & de trois mille livres d'amende, comme il est porté plus au long par lesdites Lettres de Privilege.

Registré sur le Livre de la Communauté des Libraires & Imprimeurs, le 28. Septembre, 1693.

Signé, P. AUBOÜIN, *Syndic.*

Achevé d'imprimer le 29. Octobre, 1693.

AVERTISSEMENT.

AVERTISSEMENT.

LA plûpart de ceux qui ne font usage que de leurs sens & de leur imagination, regardent comme chimeriques toutes les veritez les plus sublimes & les plus abstraites, que l'entendement pur est capable de contempler.

Tout ce qui ne tombe point sous les sens n'aïant aucune figure, & ne traçant point d'Images qui le represente à l'ame comme un corps, leur paroît un phantôme.

Il y a même des personnes d'un esprit solide & penetrant, qui pour s'être trop accoûtumez à ne concevoir les choses que par l'imagination, se persuadent que tout ce qui est purement spirituel, n'a nulle realité.

Dés qu'on leur parle de Metaphysique, ils se récrient, qu'on veut les conduire dans le pais des réveries & des idées, & prennent pour pures visions les découvertes qu'on peut faire dans les sciences abstraites.

Je demeure d'accord qu'ils ont raison de tourner en ridicule les termes vagues & generaux, & les questions impertinentes que la Philosophie de l'Ecole donne ordinairement pour Metaphysique.

Mais il n'est pas juste de railler de la même façon les Philosophes, qui par Metaphysique n'entendent autre chose que la connoissance qu'on peut acquerir de Dieu & de ses perfections infinies, de l'esprit humain & de ses proprietez, ou certains axiomes qui sont les principes les plus clairs & les plus certains de nos raisonnemens.

On ne peut nier, ce me semble, que la Metaphysique prise en ce sens, ne soit, non-seulement une science tres-solide, mais encore la premiere

& la plus necessaire, puisque c'est d'elle que dépendent toutes les autres. Par exemple, les Mathematiques, qui sont les sciences les plus exactes, ont-elles d'autres fondement que les principes qu'elle nous enseigne?

Les axiomes sur lesquels sont bâtis les Propositions les plus claires, & les plus certaines de la Géometrie, de l'Arithmetique & de l'Algebre, ne sont que des consequences de ces premieres notions qu'explique la Metaphysique.

Car, comment est-on assuré, que si à des grandeurs égales on ajoûte des grandeurs égales, les touts seront égaux; que le tout est égal à ses parties; que deux grandeurs égales à une même grandeur sont égales entr'elles, si par l'étude de la Metaphysique l'on ne s'est convaincu, que Dieu n'étant point trompeur, tout ce que nous connoissons évidem-

ment eſt veritable, qu'il eſt impoſſible d'être & de n'être pas, que le neant n'a aucunes proprietez.

Peut-on regarder ces grands principes, comme des viſions & des chimeres, ſans renverſer de fond en comble toutes les ſciences, & nous ôter toute la certitude que nous pouvons avoir des veritez qu'elles nous apprennent.

Rien n'eſt plus facile à une imagination enjoüée & delicate que de donner un air ridicule à tout ce qui n'eſt point ſenſible, parce que la plûpart des hommes ne ſe conduiſent que par leurs ſens ou par leur imagination.

Pour peu qu'on connoiſſe le monde on eſt aſſez convaincu que c'eſt l'imagination qui en eſt en quelque façon la ſouveraine, & que ſelon les differens caracteres d'imagination de ceux que l'on y regarde comme les arbitres du merite & de la fortune, l'on y regle ſes jugemens & ſes opinions ; c'eſt par là qu'on eſtime ou qu'on mépriſe toutes choſes ſans en excepter les ſciences les plus ſolides.

Mais ce n'eſt pas ainſi qu'en jugent les Philoſophes, qui ſans écouter les ſens & l'imagination, & ſans ſe livrer aux préjugez qui regnent dans leur païs, & dans leur ſiecle n'ont point d'autre regle de leurs jugemens, que la droite raiſon qui éclaire tous les hommes dans tous les païs & dans tous les tems. Car ils ne ſe laiſſent ni étourdir par les diſcours vifs & impetueux des imaginations fortes & vehementes, ni déconcerter par les fines railleries des imaginations delicates & enjoüées.

Ils ſçavent mettre la difference entre ce qui peut être repreſenté à l'imagination ; & ce qui ne peut être conçû que par l'entendement pur : & persuadez que les idées de l'esprit ont une infinité de proprietez & de rapports, qui ont autant & même plus de réalité, que les corps les plus solides ; ils contemplent avec plaisir ces grandes & fecondes veritez qui sont le fondement de tout ce qu'on peut sçavoir pendant cette vie. Ils aiment mieux être l'objet de la raillerie des beaux esprits, que de negliger ce qui peut contribuer davantage à perfectioner leur raison, & à l'élever au-dessus de tous les objets sensibles, qu'ils regardent comme la source la plus feconde des erreurs qui regnent dans le monde.

TRAITEZ
DE
METAPHYSIQUE.

TRAITEZ DE METAPHYSIQUE,

Démontrée selon la méthode des Géometres.

PREMIER TRAITE'.

De Dieu, & de ses perfections.

DEFINITIONS.

1. PAR le mot de Dieu, j'entens l'être infiniment parfait.

2. Par perfection, j'entens toute réalité. *Car toute réalité entant qu'elle est telle, est une perfection, quoiqu'il y ait des réalitez qui sont des imperfections; mais elles ne sont imperfections, qu'entant qu'elles tiennent quelque chose*

du neant, ou plûtôt entant qu'elles n'ont pas toute perfection.

3. Par Esprit, j'entens l'être qui pense.

4. Par le mot de pensée, j'entens aussi vouloir sentir, & toute autre modalité dont l'esprit est capable.

5. Par idée, j'entens l'objet immediat de la perception de l'esprit.

6. Par perception, j'entens la modification que reçoit l'esprit, lorsqu'il apperçoit quelque chose.

7. Par être, ou substance, j'entens l'objet que represente l'idée qui peut être conçuë seule & sans penser à autre chose.

8. Par modification, j'entens ce qui ne peut être conçu seul. Par exemple, la figure ne pouvant être conçuë sans l'étenduë, elle en est la modification.

9. Par Essence, j'entens ce qu'on conçoit de premier dans une chose, & duquel dépendent toutes les proprietez dont elle est capable.

10. Par proprieté, j'entens une façon d'être qui convient ordinairement à une chose, mais sans laquelle elle peut neanmoins être connuë.

11. Par corps, j'entens l'étenduë.

12. Par mouvement, j'entens certains rapports successifs de distance qu'un corps a avec d'autres, dont il est environné.

Explications de quelques termes.

1. J'appelle Indépendant ce qui existe par soi-même, & qui n'a besoin d'aucun être, ni pour se conserver, ni pour agir.

2. J'appelle Libre ce qui ne peut être déterminé à vouloir, ni a agir par aucune cause exterieure.

3. J'appelle Immuable ce qui est incapable d'aucun changement.

4. J'appelle Eternel ce qui existe necessairement, & qui ne peut être conçu comme n'existant point.

5. J'appelle Simple ce qui n'est composé, ni de parties, ni de modifications.

6. J'appelle Sagesse, une intelligence infinie qui n'ignore rien.

7. J'appelle Justice, estimer & aimer les choses à proportion de leur perfection.

8. J'appelle Verité les rapports tant simples que composez qui sont entre les idées Divines, & les rapports de ces rapports.

9. J'appelle erreur, ou plûtôt fausseté

les rapports qui ne sont point entre ces idées.

10. J'appelle volonté Divine l'amour que Dieu se porte à lui-même & à ses perfections.

11. J'appelle ordre des perfections Divines les rapports de perfection qui sont entre elles.

12. J'appelle Tout-puissant un être qui fait infailliblement tout ce qu'il veut faire.

13. J'appelle bon ce qui peut nous rendre heureux par son efficace propre.

14. J'appelle cause veritable ce qui agit par son efficace propre.

15. Je dis qu'une chose est formellement dans une autre, lorsqu'elle y est contenuë réellement ; & qu'elle y est éminemment, lorsqu'encore qu'elle n'y soit pas contenuë actuellement, l'autre est si parfaite, qu'elle peut suppléer à son défaut.

Je ne donne pas ces explications pour des définitions exactes, & je ne m'en sers que pour faire connoître le sens auquel je prens les termes que j'ai expliquez.

Il y en a beaucoup dans ce Traité

que je n'explique pas, parce qu'ils me ſemblent exempts d'équivoques.

AXIOMES.

1. Il eſt impoſſible d'être, & de n'être pas.

2. Le neant n'a point de proprietez.

3. Tout ce qui ſe conçoit, ou ſe conçoit ſeul, ou ne ſe conçoit pas ſeul.

4. Il ne faut affirmer des choſes que les proprietez qu'on conçoit clairement être renfermées dans les idées qui les repreſentent.

5. Tout être doit exiſter par ſoi-même, ou avoir été produit par une cauſe qui ait autant de réalité que lui.

6. Un effet ne peut avoir plus de perfection que ſa cauſe veritable.

I. PROPOSITION.

Il eſt évident qu'il y a un Dieu.

DEMONSTRATION.

On ne peut penſer à aucun être, s'il n'exiſte actuellement, ou s'il n'y a quelque autre être qui ſoit capable de le repreſenter, le neant n'aïant point de proprietez. Par l'Axiome 2.

Par la t. définition. Or on pense à l'être infiniment parfait, quand on pense à Dieu ; & rien de fini, ni même d'infini d'une seule façon n'est capable de le representer, puisque Par l'Axiome 6. l'effet ne peut avoir plus de réalité que sa cause : Donc il est évident qu'il y a un Dieu.

ECLAIRCISSEMENT.

On peut voir chaque être fini, sans qu'il existe actuellement, parce que tout ce qui est fini peut être vû dans l'infini qui en renferme les idées intelligibles.

Mais l'être infiniment parfait ne pouvant être vû qu'en lui-même, parce que nulle realité finie ne contient une réalité intelligible infinie, il ne peut être connu, s'il n'existe veritablement.

Or on ne peut nier qu'on ne voie l'infini en perfection, quand on pense à Dieu ; autrement quand on prononceroit ce mot, il ne se réveilleroit dans l'esprit aucune idée, comme lorsqu'on se sert d'un terme barbare ou inusité auquel on n'a pas coûtume d'en attacher aucune.

Pour prévenir quelques objections

qu'on pourroit faire contre la démonstration que je viens de donner, je crois être obligé d'observer ici qu'il y a grande difference entre nos idées & nos perceptions ; c'est-à-dire entre l'esprit qui apperçoit, & l'objet qu'il apperçoit. La perception que l'esprit a de l'infini est finie ; mais ce qui est alors l'objet immediat de sa perception est infini.

Or quoique la perception que l'esprit a de l'être infiniment parfait soit finie, Dieu qui est l'objet de cette perception, étant infini en tout sens, ne peut être representé à l'esprit par aucun être qui ait moins de réalité que lui, & par consequent il faut qu'il existe.

CONSEQUENCE.

Il n'y a que Dieu dont l'existence soit renfermée necessairement dans l'idée qu'on a de son essence.

DEMONSTRATION.

Lorsqu'un être peut être connu, sans qu'il existe actuellement ; de ce qu'on en a une idée, l'on ne peut conclure qu'il existe.

Or il n'y a que l'être infiniment parfait qui ne puisse être conçu, sans qu'il soit actuellement, puisqu'on peut voir en lui tous les autres êtres, & qu'il ne peut être representé par aucun autre.

Par la 1. Définition.

Donc il n'y a que Dieu, dont l'existence soit renfermée necessairement dans l'idée qu'on a de son essence.

PROPOSITION II.

Dieu ne peut avoir de cause de son existence.

DEMONSTRATION.

Si Dieu avoit été produit, sa cause seroit, ou ne seroit pas plus parfaite que lui. Si la cause étoit plus parfaite, ce seroit elle qui seroit Dieu. Si la cause étoit également parfaite, ou il auroit dépendu d'elle de le produire, ou il n'en auroit pas dépendu; de quelque façon qu'elle eût agi, le Dieu produit n'auroit pas été indépendant, & parconsequent il ne seroit pas le plus parfait qu'on puisse imaginer.

Car il est plus parfait de n'avoir point de cause, dont on ait dépendu pour exister, que d'en avoir une; & d'exister par ſoi-même, que de recevoir d'ailleurs l'exiſtence. Donc Dieu ne peut avoir de cauſe de ſon exiſtence.

CONSEQUENCE I.

Dieu exiſte par lui-même.

DEMONSTRATION.

Tout être, ou exiſte par lui-même, ou il a été produit par quelque cauſe. Par l'Axiome 5.

Or Dieu ne pouvant avoir de cauſe de ſon exiſtence, n'a point été produit. Par la Propoſition précedente.

Donc il exiſte par lui-même.

CONSEQUENCE II. ET PROPOSIT. III.

Dieu eſt éternel & neceſſaire.

DEMONSTRATION.

Un être qui exiſte par lui-même, & qui ne peut avoir de cauſe de ſon exiſtence, eſt éternel & neceſſaire, puiſque n'y aïant point de cauſe de ſon exiſtence, il n'y en a aucune qui la puiſſe déterminer à certains tems plûtôt qu'à d'autres. Par l'explication de ce terme.

Or Dieu exiſte par lui-même, & il ne peut avoir de cauſe de ſon exiſtence. Par la Propoſition précedente, & par ſa conſequence.

Donc il eſt éternel & neceſſaire.

ECLAIRCISSEMENT.

La plûpart de ceux qui ont parlé de l'éternité de Dieu s'en sont fait une idée abstraite, comme d'une certaine entité qui renferme tous les tems, & par laquelle Dieu les précede.

Comme ils n'avoient point de notion distincte du tems, ni de l'éternité, ils ont fait de vains efforts pour comparer ces choses l'une avec l'autre ; & voïant bien qu'ils n'en pouvoient découvrir aucuns rapports exacts, les uns se sont contentez de termes vagues & generaux ; les autres voïant bien que ces sortes d'expressions ne sont pas capables de réveiller aucune idée distincte, ont été réduits à dire que l'éternité de Dieu étoit inexplicable, & qu'il faloit ou se taire sur ce sujet, ou se contenter de dire que Dieu n'étoit pas tant éternel qu'au dessus de l'éternité.

J'avouë que cet attribut de Dieu est incomprehensible à l'esprit humain ; mais quoiqu'on ne puisse, ni le comprendre, ni l'expliquer, cela n'empêche pas qu'on ne voie bien, non seulement qu'il convient à Dieu, mais encore quelque chose de ce qu'il est, &

en quoi il differe de ses autres perfections.

Car on ne peut, ce me semble, être convaincu que Dieu existe par lui-même, & qu'il ne peut avoir été produit, sans qu'on soit persuadé que Dieu ne peut être en un tems, & n'être pas en un autre, & par consequent qu'il n'a ni commencement ni fin.

Le neant n'aïant point de proprietez, l'existence de Dieu ne peut être déterminée à de certains tems plûtôt qu'à d'autres, sans qu'il y ait une cause qui produise cet effet; & ainsi il faut qu'il soit éternel & necessaire.

PROPOSITION IV.

Dieu se suffit pleinement à lui-même.

DEMONSTRATION.

Si Dieu ne se suffisoit pas à lui-même, il lui manqueroit quelque perfection.

Or il ne lui peut manquer aucune perfection, puisqu'il est l'être infiniment parfait. *Par la Définition 1.*

Donc Dieu se suffit pleinement à lui-même.

CONSEQ. I. ET PROPOSITION V.

Dieu eſt indépendant.

DEMONSTRATION.

Un être qui ſe ſuffit à lui-même, eſt indépendant ; car s'il dépendoit de quelque autre, il lui manqueroit quelque perfection.

Par la Propoſition précedente.

Or Dieu ſe ſuffit pleinement à lui-même.

Donc il eſt indépendant.

CONSEQUENCE II.

Dieu eſt parfaitement libre.

DEMONSTRATION.

Par l'explication de ce terme.

Etre parfaitement libre, c'eſt ne pouvoir être déterminé par aucune cauſe exterieure, ni à vouloir, ni à agir.

Par la Propoſition précedente.

Or Dieu ne peut être déterminé par aucune cauſe exterieure, ni à vouloir, ni à agir, puiſqu'il eſt indépendant.

Donc il eſt parfaitement libre.

PROPOSITION VI.

Dieu eſt infini en toutes manieres.

DEMONSTRATION.

Si Dieu étoit borné & fini en quelque chose, il ne contiendroit pas toute réalité.

Or l'être infiniment parfait contient toute réalité. Par la Définition 1.

Donc il est infini en toutes façons.

ECLAIRCISSEMENT.

L'infini en perfection comprend toutes les realitez absoluës, & on n'en peut imaginer aucune qui ne se trouve en lui; il est vrai qu'elles n'y sont pas avec les limitations & les imperfections des creatures. Par exemple, connoître étant une perfection, Dieu connoît; mais cette perfection se trouvant en nous avec des limitations & des imperfections, Dieu ne connoît point à nôtre maniere, mais d'une façon qui exclud toute limitation & toute imperfection.

CONSEQUENCE ET PROPOSITION VI.

Il n'y a qu'un seul Dieu, & il ne peut y en avoir plusieurs.

DEMONSTRATION.

L'être infiniment parfait comprend toute réalité.

Or s'il y avoit plusieurs Dieux, aucun d'eux ne comprendroit toute realité, puisqu'étant plusieurs par la supposition, l'un ne comprendroit pas l'autre.

Donc il n'y a qu'un seul Dieu, & il ne peut y en avoir plusieurs.

PROPOSITION VII.

Dieu a une intelligence infinie qui n'ignore rien.

DEMONSTRATION.

Si Dieu ignoroit quelque chose, il lui manqueroit quelque connoissance, & par consequent quelque perfection.

Par la Définitiõ 1. & la Proposition 6.

Or Dieu étant l'être infini en perfection, il ne lui manque aucune perfection.

Donc il a une intelligence infinie qui n'ignore rien.

CONSEQUENCE I.

Dieu ne se peut tromper.

DEMONSTRATION.

On ne ſe trompe, que parce qu'on croit voir un rapport qui n'eſt point.

Par l'explication 9.

Or Dieu aïant une intelligence infinie, elle ne peut avoir le neant pour terme.

Par la Propoſition précedente.

Donc Dieu ne ſe peut tromper.

CONSEQUENCE. II.

Dieu ſe connoît lui-même parfaitement.

DEMONSTRATION.

Si Dieu ne ſe connoiſſoit pas lui-même parfaitement, ſon intelligence ſeroit bornée, & il ignoreroit quelque choſe.

Or il a une intelligence infinie qui n'ignore rien.

Par la Propoſition précedente.

Donc il ſe connoît lui-même parfaitement.

CONSEQUENCE III.

Dieu eſt infiniment ſage.

DEMONSTRATION.

Etre infiniment ſage, c'eſt avoir une intelligence infinie à qui rien n'échappe.

Par l'explication de ce terme.

Par la Proposition précedente.

Or Dieu a une intelligence infinie qui n'ignore rien.

Donc il est infiniment sage.

PROPOSITION. VIII.

Dieu connoît toutes choses dans sa propre substance.

DEMONSTRATION.

Si Dieu ne connoissoit pas toutes choses en lui-même, il dépendroit des objets dont il tireroit ses connoissances, & il ne suffiroit pas à lui-même.

Par la Proposition 4. & sa Consequence 1.

Or il est indépendant, & il se suffit pleinement à lui-même.

Donc il connoît toutes choses dans sa propre substance.

ECLAIRCISSEMENT.

Si Dieu tiroit ses connoissances des objets qui sont hors de lui-même, il y auroit quelque chose qui pouroit agir en lui, l'éclairer, & par consequent le rendre plus parfait. Ainsi il ne se suffiroit pas à lui-même, puisqu'il emprunteroit d'ailleurs ses connoissances, & il dépendroit des objets, puisqu'étant cause des nouvelles connoissances qu'il auroit, ils produiroient en lui de nouvelles modifications.

CONSEQUENCE I.

Toutes les veritez ſont en Dieu.

DEMONSTRATION.

Si quelque verité n'étoit pas en Dieu, il ne pouroit la connoître, puiſqu'il ne peut tirer ſes connoiſſances que de lui-même. Par la Propoſition précedent.

Or il connoît toutes les veritez; car il a une intelligence infinie qui n'ignore rien. Par la Propoſition 7.

Donc toutes les veritez ſont en Dieu.

CONSEQUENCE II.

Il n'y a rien que Dieu n'ait préveu de toute éternité.

DEMONSTRATION.

Si de toute éternité Dieu n'avoit pas tout préveu, il auroit ignoré quelque choſe.

Or Dieu n'a pu jamais ignorer aucune choſe, puiſque ſon intelligence eſt eſſentiellement infinie.

Donc il n'y a rien que de toute éternité il n'ait préveu.

CONSEQUENCE III.

Dieu connoît non seulement le présent, le passé & l'avenir, mais tout ce qui est possible.

DEMONSTRATION.

S'il ignoroit, ou qu'il eût ignoré quelque chose, son intelligence seroit ou auroit été bornée.

Or elle est essentiellement infinie.

Donc il connoît, non seulement le présent, le passé, & l'avenir, mais tout ce qui est possible.

CONSEQUENCE IV.

Dieu connoît les pensées les plus cachées des esprits.

DEMONSTRATION.

Si quelque pensée pouvoit lui être cachée, il ignoreroit quelque chose.

Or il n'ignore rien.

Par la Proposition 7.

Donc il connoît les pensées les plus cachées.

PROPOSITION IX.

Il n'y a en Dieu ni succession, ni varieté de pensées.

DEMONSTRATION.

Il ne peut y avoir varieté ni ſucceſſion de penſées, ſans qu'une penſée renferme le neant de toutes les autres.

Or il ne peut y avoir en Dieu de penſée qui renferme le neant des autres; car cette penſée étant imparfaite, ne peut ſe trouver dans l'être infiniment parfait. Par la Définition 1.

Donc il n'y a en Dieu ni ſucceſſion ni varieté de penſées.

CONSEQUENCE I.

Dieu ne connoît point par raiſonnement.

DEMONSTRATION.

Tout raiſonnement renferme neceſſairement une ſucceſſion de penſées, & par ce qui eſt connu, mene à la découverte de ce qui eſt inconnu.

Or il ne peut y avoir en Dieu ſucceſſion de penſées, & n'aïant jamais pu ignorer aucune choſe, il ne peut paſſer de ce qui eſt connu à la découverte de ce qui eſt inconnu. Par la Propoſition précedente, & par la Propoſition 6.

Donc Dieu ne connoît point par raiſonnement.

CONSEQUENCE II.

Quoique Dieu connoiſſe, il ne penſe pas à la façon des hommes.

DEMONSTRATION.

Dans la maniere de penſer des hommes, il y a toûjours varieté ou ſucceſſion de penſées.

Par la propoſition précedente.

Or il n'y a en Dieu ni varieté, ni ſucceſſion de penſées.

Donc il ne penſe point à la façon des hommes.

PROPOSITION X.

Dieu s'aime neceſſairement lui-même, & toutes ſes perfections.

DEMONSTRATION.

Dieu ſe connoît parfaitement.

Par la Conſequence 2. de la Propoſition 8.

Or il ne peut ſe connoître infiniment parfait, ſans qu'il s'aime lui-même & toutes ſes perfections; car c'eſt un défaut de ne pas aimer ce qui eſt aimable.

Donc Dieu s'aime neceſſairement lui-même, & toutes ſes perfections.

ECLAIRCISSEMENT *ſur les Propoſitions X. & XI.*

Quand je dis que Dieu s'aime neceſſairement, je ne prens pas ce mot *aimer* dans le ſens qu'on a coûtume de lui donner, quand on l'applique aux hommes.

Ce ſeroit humaniſer la Divinité, ce qui eſt l'écueil le plus ordinaire où donnent ceux qui parlent de Dieu ſans conſulter l'idée de l'être infiniment parfait.

On dit que nous nous aimons nous-mêmes, ou que nous aimons les autres hommes, parce que nous deſirons, ou pour nous-mêmes, ou pour nos amis, certains biens qui manquent, ou qui peuvent manquer à nous, ou aux perſonnes que nous aimons, & qu'on peut renfermer ſous les idées generales de plaiſir & de perfection. Si on prend le mot d'aimer en ce ſens, il eſt évident que Dieu étant infiniment parfait, il ne peut s'aimer lui-même, parce qu'il ne lui manque, & ne peut lui manquer aucun bien, ni aucune perfection.

Si on veut donc dire que Dieu s'aime

lui-même, il faut prendre le mot d'aimer dans un autre sens ; & on ne peut, ce me semble, lui en donner aucun qui convienne à Dieu, qu'en disant que Dieu connoissant ses perfections infinies, il les estime infiniment, & les préfere infiniment à toutes choses, parce qu'en effet elles meritent une estime & une préference infinie.

Cette justice, s'il est permis de parler ainsi, que Dieu ne peut se dispenser de se rendre à lui-même & à ses divines perfections, fait que l'amour necessaire qu'il leur potre est la régle de toutes ses volontez ; & par consequent il ne peut avoir d'autre fin, ni d'autre motif que soi-même.

Car s'il agissoit par quelque autre fin, il rapporteroit ce qui seroit plus parfait à ce qui le seroit infiniment moins ; & par consequent il y auroit en lui, ou une intelligence bornée qui le jetteroit dans l'erreur, ou un amour déreglé, qui prefereroit ce que son intelligence connoîtroit de plus aimable à ce qui le seroit moins. Defauts qui ne se peuvent rencontrer dans l'être infiniment parfait.

PROPOSITION XI.

Dieu ne peut aimer que lui-même.

DEMONSTRATION.

Si Dieu aimoit quelque autre chose que lui-même, il lui manqueroit quelque bien ou quelque perfection.

Or comme il se suffit pleinement à lui-même, il ne lui peut manquer aucun bien ni aucune perfection. Par la Proposition 4.

Donc il ne peut aimer que lui-même.

PROPOSITION XII.

La volonté de Dieu n'est que l'amour necessaire & éternel qu'il se porte à lui-même & à ses perfections infinies.

DEMONSTRATION.

Dieu se suffit pleinement à lui-même. Par la Proposition 4.

Or il ne se suffiroit pas à lui-même, s'il tiroit d'ailleurs le principe de sa volonté.

Donc sa volonté n'est que l'amour necessaire & éternel qu'il se porte à lui-même & à ses perfections infinies.

CONSEQUENCE I.

Dieu ne peut agir que pour lui-même.

DEMONSTRATION.

Dieu ne peut agir que par sa volonté, puisqu'il ne peut faire que ce qu'il veut.

Or sa volonté n'est que l'amour qu'il se porte à lui-même.

Donc il ne peut agir que pour lui-même.

CONSEQUENCE II.

La régle des volontez de Dieu n'est que l'ordre immuable de ses perfections, ou les differens rapports qui sont entre ses idées.

DEMONSTRATION.

Par la Proposition 2. Dieu ne tire que de lui-même les idées de ses connoissances.

Or on ne peut vouloir que ce qu'on connoît.

Donc la régle des volontez de Dieu n'est que l'ordre immuable de ses perfections, ou les differens rapports qui sont entre ses idées.

CONSEQUENCE.

CONSEQUENCE III.

Dieu ne peut rien vouloir qui ne ſoit conforme à l'ordre de ſes perfections.

DEMONSTRATION.

Dieu ne peut vouloir que par ſa volonté.

Or la régle de toutes ſes volontez, c'eſt l'ordre immuable de ſes perfections. Par la Conſequence 2. de la Propoſition précedente.

Donc il ne peut rien vouloir qui ne ſoit conforme à l'ordre de ſes perfections.

CONSEQUENCE IV.

Dieu aime toutes choſes à proportion qu'elles ſont parfaites.

DEMONSTRATION.

Les êtres ſont d'autant plus parfaits, qu'ils ont plus de rapport à la réalité des perfections divines.

Or Dieu n'aime que ſelon l'ordre de ſes propres perfections. Par la Conſequence 1.

Donc Dieu aime toutes choſes à proportion qu'elles ſont parfaites.

CONSEQUENCE V.

Dieu ne veut aucun défaut.

DEMONSTRATION.

Tout défaut est une pure privation, ou un neant.

Or le neant n'a point de rapport avec les perfections divines, & Dieu ne veut rien que selon l'ordre immuable qui est entre elles.

Par la Conse-quence 2. de la Proposi-tion pré-cedente.

Donc Dieu ne veut aucun défaut.

CONSEQUENCE VI.

Dieu ne peut pécher.

DEMONSTRATION.

Le péché n'est tel, que parce qu'il est opposé à l'ordre des perfections divines.

Or c'est cet ordre qui est la régle inviolable & necessaire des volontez divines.

Par les Conse-quences 1. & 2. de la Pro-position précéden-te.

Donc Dieu ne peut pécher.

CONSEQUENCE VII.

Dieu ne peut être auteur du péché.

DEMONSTRATION.

Par l'ex-plication de ce ter-me.

Le péché n'est qu'une privation de

conformité à l'ordre des perfections divines.

Or Dieu ne peut rien vouloir qui ne soit conforme à l'ordre de ses perfections.

Par la Consequence 3. de la Proposition précedente.

Donc il ne peut être l'auteur du péché.

CONSEQUENCE VIII.

Dieu ne peut être auteur de l'erreur.

DEMONSTRATION.

L'erreur n'est que le consentement qu'on donne à la fausseté, laquelle n'est rien ; car c'est un rapport qui n'est point.

Par l'explication que j'ai donnée de ce terme.

Or Dieu ne peut faire les intelligences pour le neant qui n'a nul rapport avec ses perfections.

Par la Consequence 2. de la Proposition précedente.

Donc il ne peut être cause de l'erreur.

CONSEQ. IX. ET PROPOSIT. XIV.

Dieu ne peut être trompeur, c'est-à-dire qu'il ne peut déterminer invinciblement à donner dans l'erreur.

DEMONSTRATION.

Dieu ne peut faire concevoir que ce

Par la Conseque.ce 3. de la Proposition précedente. Par l'explication que j'ai donnée de l'erreur.

qui est intelligible, parce que sa volonté ne peut avoir le neant pour objet.

Or l'erreur n'est point intelligible ; car on ne peut voir des rapports qui ne sont point. Par exemple, un rapport d'égalité entre 2. & 5.

Donc Dieu ne peut être trompeur en ce sens qu'il ne peut déterminer invinciblement à donner dans l'erreur.

ECLAIRCISSEMENT.

Descartes suppose, comme un Axiome, que Dieu n'est point trompeur ; mais faute d'avoir expliqué ce qu'il entend par ce terme, il semble obligé de convenir en un autre endroit qu'il y a un sens auquel Dieu peut tromper.

Réponse de Descartes aux secondes objectiõs contre ses méditations metaphisiques.

Je ne voudrois pas, dit ce Philosophe, *condamner ceux qui disent, que Dieu peut proferer par ses Prophétes quelque mensonge verbal, tels que sont ceux dont se servent les medecins, quand ils déçoivent leurs malades pour les guérir, c'est à-dire, qui fût exempt de toute la malice qui se rencontre dans la tromperie.*

En effet sans parler ici de divers passages de l'Ecriture, où Dieu semble ordonner à ſes Prophetes de tromper les hommes ; l'idée qu'on a de l'être infiniment parfait, ne fait pas voir clairement que Dieu ne puiſſe tromper les hommes dans un certain ſens, ſoit pour leur bien, en voulant qu'ils ignorent ce qu'il leur eſt avantageux de ne ſçavoir pas, ſoit pour punir leur orgueil, leur curioſité, ou d'autres vices.

Il ſemble au contraire que le pouvoir de tromper les hommes, marque une intelligence plus parfaite que la leur, ou une puiſſance abſoluë ſur leur eſprit.

Avant donc que de démontrer cette propoſition, il eſt neceſſaire de définir ce qu'on entend par le mot de tromper. Car ſi par ce terme on entend donner à l'eſprit des ſentimens qui lui ſont occaſion de tomber dans l'erreur ; il eſt clair qu'en ce ſens, Dieu peut non ſeulement tromper les hommes, mais qu'il les trompe ſouvent, puiſqu'étant la ſeule cauſe veritable de tous les ſentimens dont ils ſont touchez, il en produit ſouvent dans les eſprits qui leur ſont occaſion de tomber dans l'erreur. Par exemple, c'eſt Dieu ſeul qui eſt cauſe de la douleur qu'on s'imagine ſentir dans un bras qu'on n'a plus, & de toutes les viſions qu'on a dans la fiévre chaude, ou pendant le ſommeil. Mais ſi par tromper on entend déterminer invinciblement à donner dans l'erreur, il eſt clair qu'en ce ſens Dieu ne trompe point, & même qu'il ne peut tromper, l'erreur étant une pure privation, dont Dieu ne peut être Auteur.

Delà il eſt évident qu'on ne ſe peut jamais tromper que par ſa faute ; & abſolument parlant, perſonne ne peut nous tromper au ſens que je viens de donner à ce mot. C'eſt nous-mêmes qui ſommes les ſeules cauſes des erreurs où nous tombons, parce que nous ne nous trompons que lorſque nous nous déterminons à juger avec trop de précipitation, que certains rapports qui ne ſont point, & par conſequent qui ne ſont nullement intelligibles ont quelque réalité.

Ainſi il ne dépend que de nous, d'éviter toute erreur. Car il ne tient qu'à nous de ſuſpendre nôtre conſentement, lorſque l'évidence ne nous force point de le donner. Que ſi l'on obſervoit toûjours & exactement cette régle, personne ne pourroit nous tromper, parce qu'on ne peut nous forcer de donner nôtre consentement à ce qui n'est pas tout-à-fait évident.

CONSEQUENCE X. ET PROPOSIT. XV.

Dieu ne peut vouloir tromper.

DEMONSTRATION.

Un esprit qui donne dans l'erreur n'exprime en cela aucune des perfections divines.

Or Dieu ne peut vouloir une chose qui n'ait nul rapport avec ses perfections, puisqu'il ne peut vouloir que ce qui est conforme à l'ordre qui est entre elles. Par les Consequences 2. & 3. précedentes.

Donc Dieu ne peut vouloir tromper.

CONSEQUENCE XI.

Dieu ne peut vouloir directement que les hommes ignorent quelque chose.

DEMONSTRATION.

L'Ignorance n'étant qu'une pure privation, n'a nul rapport avec les perfections divines.

Par les Conse-quences 2. & 3. préce-dentes.

Or Dieu ne peut vouloir aucune chose qui ne soit conforme à l'ordre de ses perfections.

Donc il ne peut vouloir directement que les esprits ignorent quelque chose.

ECLAIRCISSEMENT.

La raison qui me fait ajoûter le mot directement, c'est que Dieu peut ne pas vouloir q nous sçachions certaines veritez, mais il n'en est pas de même de ne pas vouloir que de vouloir. Toutes les volontez divines doivent necessairement être conformes à l'ordre des perfections divines ; mais ne pas vouloir, n'étant pas une action, ne doit point être reglé sur l'ordre ; car la régle de rien n'est rien.

PROPOSITION XIV.

Dieu est juste.

DEMONSTRATION.

Par l'explication de ce terme.

Etre juste, c'est estimer & aimer toutes choses à proportion qu'elles sont parfaites.

Par la Proposit. 9. & par les Consequen-

Or Dieu connoissant & aimant necessairement l'ordre immuable qui est entre ses divines perfections, il ne peut qu'il n'estime, & qu'il n'aime les choses à proportion du rapport qu'elles ont avec ses perfections, & par consequent à proportion qu'elles sont parfaites.

ces de la Proposition 13.

Donc Dieu est juste.

ECLAIRCISSEMENT.

Il est clair que Dieu connoissant toutes choses parfaitement, & que s'aimant necessairement lui-même, il ne peut qu'il n'estime, & qu'il n'aime les êtres qu'il a faits à proportion des rapports qu'ils ont avec ses perfections infinies.

Mais comme il se suffit pleinement à lui-même, & qu'ainsi rien de ce qui est hors de lui ne peut être bien ou mal à son égard, on ne voit pas qu'il soit capable d'amour ou de haine au sens qu'on a coûtume de donner à ces termes.

Au contraire il semble évident que ne pouvant aimer que lui-même, il ne prend nulle part dans les jugemens & dans les mouvemens des esprits ; car que peut lui faire leur estime ou leur amour, puisqu'il n'en a nul besoin ?

Connoissant les êtres qu'il a faits, il les estime à proportion des perfections qu'il leur a données ; mais comment se peut-il faire, que n'aimant necessairement que lui-même, & ne pouvant agir que pour lui seul, il veuille quelque autre chose, & qu'il se détermine à créer des êtres, & même à en créer qui l'offensent, ou qui lui soient desagréables.

Quelques Philosophes Modernes frappez de ces difficultez, se sont imaginez que les hommes pour avoir *jugé de la Justice Divine selon la conduite ordinaire de la justice humaine, sont entrez dans une infinité d'opinions differentes, la plûpart fausses ou extravagantes.*

Comme ils ont veu, disent ces Auteurs, *les Souverains, & tous ceux qui ont l'autorité dans le monde, récompenser ceux qui leur obeïssent, & qui les servent fidelement, & punir ceux qui s'opposent à leurs volontez ou à leurs passions ; ils se sont persuadez que Dieu devoit tenir la même conduite : mais cette erreur n'est qu'un effet de leurs préjugez, & principalement du penchant qu'ont les hommes (s'il est permis de parler ainsi) à humaniser la Divinité, & à juger de Dieu par eux-mêmes.*

C'est de cette source feconde en erreurs, qu'est venuë la pensée qu'ils ont, que Dieu ne peut agir que pour quelque fin qu'il se propose; & que la principale ou plûtôt l'unique, c'est sa gloire; qu'il ne travaille que pour elle, & qu'il en est infiniment jaloux.

Comme ils souhaittent passionnément d'être estimez & aimez des autres hommes, & qu'ils se sentent portez à aimer, & à faire du bien à ceux qui ont pour eux de l'estime ou de l'amour; ils croient que Dieu a les mêmes inclinations; qu'il est porté à aimer, & à faire du bien à ceux qui l'aiment & qui l'honorent.

Delà vient que leur orgueil leur persuadant qu'ils sont capables de contribuer quelque chose à sa gloire par leurs discours ou par leurs actions; ils pensent pouvoir par des loüanges, ou par diverses cérémonies qu'ils ont établies pour l'honorer, lui plaire, & s'attirer sa bienveillance & sa protection.

C'est par cette raison qu'ils ont jugé que Dieu a du mépris & de la haine pour ceux qui le négligent, ou qui refusent de lui obeïr ; qu'il est irrité contre eux, & qu'il prend plaisir à s'en venger, à les perdre & à les exterminer.

En vain l'experience les a convaincus, que ceux qui aiment le plus Dieu, & qui lui rendent de plus grands honneurs, sont souvent privez de biens, & quelquefois même accablez de toute sorte de maux ; & que ceux qui l'oublient, ou qui desobeïssent à ses loix, sont comblez de plaisirs, & les mieux partagez de tous les biens de la vie présente : ils ont cherché mille défaites pour n'être pas obligez d'abandonner un préjugé qui leur est si cher, & qui est confirmé à tous momens par leur sentiment interieur : régle ordinaire de presque tous leurs jugemens.

Tantôt ils ont dit que Dieu irrité à cause des crimes de leurs Peres, ou de leurs propres péchez exerçoit sa justice en les punissant. Tantôt que les maux qui arrivoient aux gens de bien n'étoient pas des châtimens, mais des épreuves de leur vertu, ou des préservatifs nécessaires pour les garantir des chûtes ausquelles ils étoient exposez. En un mot, leur su-

perstition ingenieuse à trouver des raisons pour se justifier, ne leur a fourni que trop de prétextes, pour ne pas se rendre aux experiences qui la combattent.

Il faut demeurer d'accord que les raisons de ces Philosophes ont quelque vrai-semblance. Les hommes ne connoissant point la plûpart des fins de Dieu, sont souvent téméraires de vouloir juger des motifs de sa conduite; & leur superstition va jusqu'à l'extravagance, & quelquefois même jusqu'à l'impieté, lorsqu'ils attribuënt à l'être infiniment parfait des maniéres d'agir purement humaines, ou tout-à-fait indignes de sa sagesse.

Il est donc évident qu'ils ne doivent pas juger de Dieu par eux-mêmes; & que bien loin de croire qu'ils a les mêmes veuës, les mêmes motifs ou les mêmes passions, ils doivent être convaincus qu'il y a une disproportion infinie entre tout ce qu'il est, & tout ce qu'ils sont, & consulter sans cesse avec beaucoup de respect & d'attention l'idée de l'être infini en perfections & n'attribuer à Dieu que ce qu'ils voient clairement être essentiel à la Divinité.

Sans cela on met à la place du vrai Dieu un Phantôme immense, revêtu à la verité de quelques perfections apparentes que les hommes réverent à cause de l'impression sensible qu'elles font sur leur imagination, mais dépoüillé d'une infinité de perfections réelles qui conviennent necessairement à l'être infiniment parfait.

Cependant les consequences que ces Philosophes tirent de ce principe sont tres-fausses & tres-dangereuses. De ce que l'être infiniment parfait se suffit à lui-même, & qu'il ne lui manque aucun bien, il ne s'ensuit pas qu'il ne puisse agir pour quelque fin, mais seulement que ses actions ne peuvent avoir d'autre fin que lui-même.

Il s'ensuit encore moins que toutes les actions des hommes sont indifferentes à Dieu, & qu'il ne veut ni les punir, ni les récompenser. Car Dieu s'aimant nécessairement lui-même & ses divines perfections, comme je l'ai démontré, il est impossible qu'il n'aime, & qu'il n'estime les êtres qu'il a créez à proportion des rapports qu'ils ont avec ses propres perfections.

Or cela ſeul ſuffit pour prouver que Dieu eſt infiniment juſte, puiſque être juſte n'eſt autre choſe qu'eſtimer & aimer les choſes ſelon qu'elles ſont parfaites.

On dira peut-être que cette maniére d'expliquer la Juſtice de Dieu ne ſuffit pas pour démontrer qu'il faut qu'elle puniſſe le vice, & qu'elle récompenſe la vertu. Mais avant que je faſſe voir que de cette notion de la Juſtice de Dieu, on en doit conclure qu'elle punit les méchans, & qu'elle récompenſe les gens de bien ; il faut pour ôter tout équivoque diſtinguer les divers ſens qu'on peut donner aux mots de récompenſe & de punition.

Si par récompenſe on entend certaines perfections, & par punition, la privation de ces perfections, il eſt aiſé de faire voir que les méchans ſont toûjours punis, & les bons toûjours récompenſez. Car il eſt clair que les méchans ſont privez des perfections que poſſedent les gens de bien : Par exemple, de la connoiſſance & de l'amour de Dieu, les plus grandes perfections dont les eſprits ſoient capables, &

qui ſe trouvent dans les Juſtes, puiſque ce ſont ces perfections qui les diſtinguent des méchans qui en ſont privez.

Si par récompenſe, on entend tous les ſentimens agréables que peuvent recevoir les eſprits; & par châtiment, la douleur ou autres ſenſations pénibles : on peut encore prouver que ſuppoſé qu'il y ait des êtres libres créez actuellement, & qui par leur propre choix ſoient contraires à l'ordre, ils doivent être punis; car Dieu aimant l'ordre de ſes perfections, il ne peut vouloir ni aimer tout ce qui y eſt oppoſé, & par conſequent donner des ſentimens agréables à des eſprits qui ſe déterminent librement à faire quelque choſe de contraire à ce qu'il aime uniquement & néceſſairement.

Que ſi les hommes, qui par leur propre choix veulent des choſes contraires à l'ordre qui eſt entre les perfections divines, ne ſont pas actuellement malheureux à proportion du mauvais uſage qu'ils font de leur liberté; cela ne fait pas qu'ils ne doivent l'être, mais cela prouve ſeulement que Dieu a des raiſons tirées de ſon immutabilité ou de quelque autre de ſes perfections qui l'obligent de ſouffrir pour un tems quelque deſordre apparent dans ſon ouvrage.

Je dis que c'eſt un deſordre apparent, parce qu'à parler exactement, ce n'eſt pas un deſordre que Dieu pendant un certain tems, qui par rapport à l'éternité n'eſt rien, ne puniſſe pas ce qui eſt contraire à l'ordre, & ne récompenſe pas ce qui y eſt conforme, ſur tout la punition & la récompenſe n'étans differées que d'un peu de tems. Car Dieu étant éternel, compte pour rien tout ce qui n'eſt pas éternel : car on ne peut douter que Dieu aimant néceſſairement l'ordre de ſes perfections, il doit ou le conſerver dans ſon ouvrage, ou l'anneantir ; & s'il ſemble ſouffrir pour quelque tems que le deſordre regne dans ſon ouvrage ſans l'anneantir, c'eſt qu'il ſçait les voies d'y rétablir l'ordre, en puniſſant un jour tout deſordre volontaire, & récompenſant toute action libre conforme à l'ordre qu'il aime uniquement.

PROPOSITION XV.

La puiſſance de Dieu eſt infinie.

DEMONSTRATION.

Si la puiſſance de Dieu n'étoit pas infinie, elle ſeroit bornée, & par conſequent elle ne ſeroit la plus parfaite qu'on puiſſe imaginer, puiſqu'il eſt évident qu'une puiſſance ſans bornes eſt une plus grande perfection, qu'un pouvoir borné & fini.

Par la définition 1. Or Dieu étant l'être infiniment parfait, il ne peut lui manquer aucune perfection.

Donc ſa puiſſance eſt infinie.

CONSEQUENCE I.

Dieu eſt tout puiſſant.

DEMONSTRATION.

Si Dieu ne pouvoit pas faire tout ce qu'il veut faire, ſa puiſſance ſeroit bornée.

Par la Propoſition précedente. Or elle eſt infinie.

Donc Dieu eſt tout puiſſant.

CONSEQUENCE II.

La puiſſance de Dieu n'eſt autre choſe que ſa volonté.

DEMONSTRATION.

Si la puissance de Dieu dépendoit de quelque autre chose que de sa seule volonté, il ne seroit pas indépendant, & il ne se suffiroit pas à lui-même.

Or Dieu est indépendant, & il se suffit à lui-même.

Donc la puissance de Dieu n'est autre chose que sa volonté.

Par la Proposition 4. & par la Consequence 1.

CONSEQUENCE III.

Tout dépend de la volonté de Dieu; & rien ne peut lui résister.

DEMONSTRATION.

Si quelque chose ne dépendoit pas de la volonté de Dieu, ou pouvoit y résister, il ne seroit pas tout puissant.

Or il est tout puissant.

Donc tout dépend de sa volonté; & rien ne peut y résister.

Par la Consequence 1.

PROPOSITION XVI.

Il n'y a rien de réel que Dieu ne le fasse.

DEMONSTRATION.

Si quelque être existoit, sans que

Dieu en fût auteur, cet être lui seroit inconnu, puisqu'il ne peut tirer ses connoissances que de lui-même; & il ne pourroit l'anneantir, sa volonté ne pouvant avoir le neant pour terme.

Par la Proposition 8 & par les Consequences de la Proposition 12.

Or rien n'est inconnu à Dieu, puisque son intelligence est infinie; & il n'y a rien qu'il ne puisse aneantir, puisqu'il est tout puissant.

Donc il n'y a rien de réel que Dieu ne le fasse.

CONSEQUENCE I.

Rien ne continuë d'être, que parce que Dieu continuë de vouloir qu'il soit.

DEMONSTRATION.

Si quelque être pouvoit continuer d'exister, sans que Dieu continuât de vouloir son existence, il seroit indépendant, & Dieu ne pourroit l'anneantir, puisque Dieu ne peut vouloir le neant qui n'a rien digne d'être voulu, & qui n'a nul rapport avec les perfections divines qui sont l'unique régle de ses volontez.

Par les Consequences de la Proposition 13.

Or tout dépend de Dieu; & il n'y a

rien qu'il ne puisse anneantir, puisqu'il est tout puissant.

Par la Conse-quence 1. de la Proposition 15.

Donc rien ne continuë d'être, que parce que Dieu continuë de vouloir qu'il existe.

ECLAIRCISSEMENT.

Si Dieu peut aneantir tous les êtres qu'il a créez; ce n'est pas qu'il puisse vouloir directement le neant, mais c'est qu'il peut cesser de vouloir qu'une chose existe: la volonté par laquelle il donne l'être à tout ce qui est hors de lui-même, étant tout-à-fait libre & nullement necessaire. Or si quelque être existoit sans que Dieu continuât de vouloir son existence, il faudroit pour l'anneantir que Dieu voulût positivement qu'il cessât d'être, & par consequent que sa volonté eût le neant pour objet; ce qui ne peut être, parce que le neant n'a nul rapport avec les perfections divines, qui sont l'unique régle des volontez de l'être infiniment parfait.

CONSEQUENCE. II.

La conservation des êtres n'est de la part de Dieu, qu'une création continuée.

DEMONSTRATION.

Par la Proposition précedente.

La création n'est que la seule volonté que Dieu a de donner l'être à ce qui ne l'avoit pas.

Par la Consequence précedente.

Or il n'y a point d'autre cause de la conservation des êtres, que la seule volonté de Dieu qui continuë de vouloir qu'ils continuent d'exister.

Donc la conservation des êtres n'est de la part de Dieu, qu'une création continuée de la part de Dieu.

REMARQUE.

Je dis de la part de Dieu qui agit, parce qn'à son égard la création ne passe point, puisqu'en lui la création & la conservation ne sont qu'une même volonté. Il n'en est pas de même de la part des créatures, parce que la création les fait passer du neant à l'être, & la conservation fait seulement qu'elles continuent d'exister.

DEMANDE.

Il y a des Corps.

Je suis obligé de demander qu'on m'accorde cette proposition; car outre que je ne pense pas qu'on puisse la démontrer, je ne pourrois m'arrêter en cet endroit à la prouver, sans m'éloigner du sujet que je traite.

CONSEQUENCE III.

Dieu est auteur non seulement de tous les êtres, mais aussi de toutes les manieres d'être.

DEMONSTRATION.

Les maniéres d'être ne sont que les êtres mêmes de telle ou telle façon. Par la définition.

Or Dieu fait tout ce qu'il y a de réel dans l'Univers. Par la Proposition 16.

Donc il est auteur de toutes les manieres d'être.

CONSEQUENCE IV.

Il n'y a que Dieu qui puisse produire les esprits & toutes les diverses modifications dont ils sont capables.

DEMONSTRATION.

Dieu est auteur de tous les êtres & de toutes leurs modifications. Par la Conse-quence précedente.

Or il ne le seroit pas, si quelque autre être que lui pouvoit produire les esprits ou les modifications dont ils sont capables.

Donc il n'y a que Dieu qui puisse produire les esprits & les diverses modifications dont ils sont capables.

CONSEQUENCE V.

Il n'y a que Dieu qui soit bon à nôtre égard par son efficace propre.

DEMONSTRATION.

Rien n'est bon à nôtre égard par son efficace propre, que ce qui nous fait du bien ; & on ne nous fait du bien qu'en produisant en nous des connoissances ou des modifications agréables.

Par la Consequence précedente.

Or il n'y a que Dieu qui puisse produire dans les esprits toutes les connoissances & toutes modifications dont ils sont capables.

Donc il n'y a que lui qui soit bon à nôtre égard par son efficace propre.

CONSEQUENCE VI.

Il n'y a que Dieu seul qui puisse mouvoir les corps.

DEMONSTRATION.

Dieu ne peut vouloir qu'un corps soit

ſoit, ou qu'il continuë d'être, ſans qu'il veuille en même tems qu'il ait avec les corps dont il eſt environné des rapports de diſtance permanens ou ſucceſſifs ; car, ou il eſt toûjours en même ſituation, ou il en change.

Or ſi Dieu veut qu'un corps ait avec les autres corps des rapports permanens, nulle puiſſance ne peut lui en donner de ſucceſſifs, puiſqu'on ne peut réſiſter à ſes volontez.

Par la Propoſition 17. & ſa Conſequence. 14.

Donc il n'y a que Dieu qui puiſſe mouvoir les corps.

CONSEQUENCE VI.

La force mouvante des corps n'eſt que la volonté par laquelle Dieu les conſerve ſucceſſivement en divers lieux.

DEMONSTRATION.

Dieu n'agit que par ſa volonté, & n'a pas beſoin d'inſtrument pour faire ce qu'il veut, autrement il ne ſe ſuffiroit pas à lui-même.

Par la Conſequence 3. de la Propoſition 17. & par l Propoſition 4.

Or ſi ſa volonté ſeule ne donnoit aux corps les mouvemens dont ils ſont capables, il auroit beſoin de quelque autre choſe que de lui-même pour les mouvoir.

C

Donc la force mouvante des corps n'eſt que la volonté par laquelle Dieu les conſerve ſucceſſivement en divers lieux.

ECLAIRCISSEMENT.

Si nous nous arrêtons aux rapports de nos ſens, nous ſerons perſuadez que les corps ſe communiquent reciproquement leurs divers mouvemens. Nous voïons que lorſqu'un corps en choque un autre, il lui communique partie de ſon mouvement ſelon une certaine proportion; mais ne voïant pas clairement que la force d'un corps ſoit une qualité qui appartienne au corps qui eſt en mouvement, nous devrions ſeulement juger que le choc eſt occaſion de la communication, & non pas qu'il en eſt la cauſe veritable. Il n'y a que la volonté de Dieu qui puiſſe les mettre en mouvement.

PROPOSITION XVIII.

Il ne peut y avoir aucune choſe dans l'Univers que Dieu ne veuille, & qu'il ne régle.

DEMONSTRATION.

Tout ce qui est, & qui peut être dans l'Univers est, ou être, ou maniere d'être. Par l'Axiome 3.

Or Dieu est auteur, non seulement de tous les êtres, mais de toutes leurs modifications. Par la Conse-quence 5. de la Proposition 17.

Donc il ne peut y avoir aucune chose dans l'Univers qu'il ne veuille, & qu'il ne régle.

CONSEQUENCE I.

Rien ne se fait par hazard; & ce qu'on appelle fortune, est une chimere.

DEMONSTRATION.

Quand tout ce qui arrive a été préveu de toute éternité, & qu'il est fait & reglé par la volonté de Dieu, aucune chose ne peut arriver par hazard.

Or il ne peut y avoir aucune chose dans l'Univers que Dieu n'ait préveu de toute éternité, & dont sa volonté ne soit la cause. Par la Conse-quẽce 4. de la Propo-sition 8. & par la Propo-sitiõ pré-cedente.

Donc il ne se fait rien par hazard; & ce qu'on appelle fortune, est une chimere.

Proposition. XIX.

Dieu n'eſt composé ni de parties, ni de modifications, mais il eſt infiniment ſimple.

Demonstration.

Si Dieu étoit composé de parties ou de modifications, chaque partie ou chaque modification renfermant le neant d'une autre, ſeroit imparfaite, & par conſequent Dieu ſeroit composé d'imperfections.

Par la Définition. 1.

Or Dieu ne peut être composé d'imperfections, puiſqu'il eſt infiniment parfait.

Donc il n'eſt composé ni de parties, ni de modifications.

Consequence I.

Dieu eſt indiviſible.

Demonstration.

Si Dieu étoit diviſible, il ſeroit composé de parties.

Par la Propoſition précedente.

Or il n'eſt point composé de parties.

Donc il eſt indiviſible.

CONSEQUENCE II.

Dieu n'a point de corps.

DEMONSTRATION.

Tout corps eſt compoſé de parties, puiſqu'il eſt étendu.

Par la Définition 10.

Or Dieu n'eſt point compoſé de parties.

Par la Propoſition précedente.

Donc il n'a point de corps.

CONSEQUENCE. III.

Les perfections de Dieu ne ſont pas diſtinguées réellement.

DEMONSTRATION.

Si les perfections divines étoient diſtinguées réellement, Dieu ſeroit compoſé de parties, ou de modifications.

Or Dieu n'eſt compoſé ni de parties, ni de modifications.

Par la Propoſition précedente.

Donc les perfections de Dieu ne ſont pas diſtinguées réellement.

PROPOSITION XX.

Dieu eſt immuable, & par ſa nature, & par ſa volonté.

DEMONSTRATION.

Un être eſt immuable par ſa nature, quand aucune cauſe exterieure ne peut produire en lui aucun changement, & il eſt immuable par ſa volonté, lorſqu'il ne peut changer de volonté.

Or Dieu étant indépendant, nulle cauſe exterieure ne peut produire en lui aucun changement, & il ne peut changer de volonté : car on ne peut avoir de nouvelles volontez, ſans recevoir de nouvelles idées ; ce qui ne peut arriver à Dieu, qui ne peut tirer ſes connoiſſances que de lui-même.

Par la Propoſition 8.

Donc il eſt immuable, & par ſa nature, & par ſa volonté.

PROPOSITION XXI.

Dieu eſt immenſe.

DEMONSTRATION.

Si la ſubſtance divine n'étoit pas par tout, elle ſeroit finie & imparfaite ; finie, parce qu'elle ſeroit bornée par l'eſpace qu'elle ne rempliroit pas ; imparfaite, parce qu'il lui manqueroit une réalité qu'elle pourroit avoir.

Or Dieu est infini & parfait.

Donc il est immense.

Par la Proposition 6. & par la Définition 1.

AUTRE DEMONSTRATION.

L'étenduë infinie est une réalité infinie.

Or Dieu renferme toute realité, puisqu'il est infiniment parfait.

Donc il est étendu infiniment, & par consequent immense.

ECLAIRCISSEMENT.

Quoique Dieu renferme l'étenduë, parce que c'est une perfection, il ne s'ensuit pas qu'il soit étendu à la maniere des corps, parce que l'étenduë des corps est accompagnée d'imperfections; car elle est divisible & composée de parties, dont les unes renferment le neant des autres.

Il y a des Auteurs qui s'imaginent avoir suffisamment expliqué l'immensité de Dieu, en disant qu'il est par tout, parce qu'il agit en tous lieux, & qu'il gouverne l'Univers. Quelques-uns même doutent s'il est au delà & dans les espaces qu'on appelle imaginaires.

Cela marque ou qu'on conçoit Dieu étendu localement à la maniére des corps, ou qu'on ne distingue pas l'effet de l'operation de Dieu d'avec la volonté par laquelle il agit.

Car l'operation de Dieu étant un acte de sa volonté, s'il est en tous lieux par son operation, il est évident que sa propre substance est par tout.

A la verité, la maniere dont il y est, ne peut être imaginée, ni même comprise; ce qui a obligé la plûpart de ceux qui ont écrit sur cette matiere, de se servir de diverses comparaisons pour faire comprendre ce qui est incomprehensible à l'esprit humain.

Les uns disent que Dieu est par tout, comme l'ame est dans le corps qu'elle anime, & qu'elle remuë selon ses diverses volontez. Mais s'ils y faisoient réflexion, ils verroient que cette comparaison est non seulement imparfaite, mais qu'elle est fondée sur l'ignorance où ils sont de la distinction du corps & de l'ame.

Car enfin à parler exactement, l'ame n'est point dans le corps. L'esprit & le corps n'ont entr'eux aucun rapport essentiel. L'esprit pense sans le corps, comme le corps est étendu sans l'esprit ; de sorte que l'ame n'est nulle part dans le corps, & ne lui donne aucun mouvement.

Elle ne connoît point dans le cerveau, mais en Dieu seul, quoiqu'elle ne connoisse qu'à l'occasion de ce qui se passe dans une certaine partie principale d'un corps. Elle ne remuë point non plus les membres de son corps par une force qui lui appartient. Elle ne les remuë, que parce que ses desirs sont occasion des mouvemens que Dieu donne aux diverses parties du corps.

Un des plus grands Philosophes de ce siecle, dont j'ai tiré la plûpart de ce qui est dans cet éclaircissement, se sert d'une autre comparaison pour donner quelque idée de l'immensité de Dieu. Il dit que l'étenduë créée est à l'immensité divine, ce que le tems est à l'éternité. *Tous les corps*, dit-il, *sont étendus dans l'immensité de Dieu, comme tous les tems se succedent dans son éternité.*

Dieu est toûjours ce qu'il est sans succession de temps. Il remplit tout de sa ſubſtance ſans extenſion locale.

Il n'y a dans ſon exiſtence, ni paſſé, ni futur; tout eſt preſent, immuable, éternel.

Il n'y a dans ſa ſubſtance ni grand, ni petit; tout eſt ſimple, égal, infini. De même Dieu n'eſt point en partie dans le Ciel, & en partie dans la terre.

Il eſt tout entier dans ſon immenſité; tout entier dans toutes les parties de la matiere, quoique diviſible à l'infini; ou pour parler exactement, Dieu n'eſt pas tant dans le monde que le monde eſt en lui, ou dans ſon immenſité; de même que l'éternité n'eſt pas tant dans le tems, que le tems dans l'éternité.

On voit bien & cet Auteur en convient, qu'il explique une choſe obſcure par une autre qui n'eſt pas trop claire; & il ne prétend pas auſſi faire comprendre l'Immenſité de Dieu par cette comparaiſon. Mais il ſe contente de dire que pour expliquer les choſes divines, il faut les comparer avec les choſes divines; & que de les comparer avec les choſes finies, c'eſt juſtement le moïen de ſe tromper.

En effet, on ne peut comprendre

comment le monde, quelque grand qu'on l'imagine, est en Dieu, sans l'égaler, ni le mesurer. Cependant on voit clairement qu'à parler exactement, Dieu n'est pas tant dans le monde, que le monde est dans son Immensité.

Avant la création du monde, Dieu étoit où il est presentement & où il seroit quand le monde rentreroit dans le néant. Or il n'étoit alors qu'en lui-même, que dans son immensité. S'il a créé de nouveaux espaces, il n'a pas acquis pour cela une nouvelle presence; il n'a pas augmenté son immensité; il ne s'est pas fait un lieu nouveau.

Il est donc éternellement où ces espaces ont été créés; mais il n'y est pas à la maniere des corps, parce qu'il n'a point de parties dans sa substance; le lieu de sa substance, n'est que sa substance même. Il est parfaitement simple & infini en toutes façons.

Quoique nous ne comprenions clairement ces veritez, nous en sommes neanmoins convaincus; parce que nous voïons évidemment que Dieu étant l'être infiniment parfait, il renferme toutes les réalitez, ou toutes les perfections, sans aucun mélange du néant ou d'imperfections.

Il y en a qui confondant l'étenduë intelligible avec l'immensité divine, s'imaginent comprendre cet attribut divin, parce qu'ils conçoivent clairement l'étenduë intelligible. Cependant il y a entre ces deux choses une difference infinie. L'immensité étant la substance même de Dieu, répanduë par tout & remplissant tous les lieux, sans extension locale. Mais l'étenduë intelligible n'est que la substance de Dieu entend que representative des corps, ou plûtôt l'idée que Dieu a des corps; ce qui est bien different de son immensité.

Je conviens que l'étenduë intelligible se conçoit clairement & distinctement, & que c'est par elle que les Geomêtres découvrent tant de veritez évidentes; mais il ne s'ensuit pas de-là qu'ils connoissent de la même façon l'immensité divine.

Je n'entreprendrai donc pas d'expliquer ce que c'est que l'immensité divine, cette perfection étant incomprehensible.

Il me suffit d'avoir prouvé qu'elle est en Dieu ; & fait voir que toutes les comparaisons dont on se sert ordinairement pour l'expliquer, n'en donnent qu'une idée fort imparfaite.

PROPOSITION XXII.

Dieu & chacun de ses attributs sont incomprehensibles à l'esprit humain.

DEMONSTRATION.

Dieu & chacun de ses attributs est infini, & l'esprit de l'homme est fini.

Or le fini ne peut comprendre l'infini.

Donc Dieu & chacun de ses attributs est incomprehensible à l'esprit humain.

REMARQUE.

Il ne faut donc pas s'étonner pourquoi on ne comprend pas comment Dieu est par tout & tout entier en chaque lieu, ni comment il a toutes les réalitez des êtres possibles, sans être aucun d'eux en particulier. En un mot comment il est simple & pour ainsi dire composé de toute sorte de perfections.

PREFACE.

SI l'esprit humain avoit de lui-même une idée aussi claire qu'il en a de l'étenduë, il y auroit infiniment plus de plaisir à nous étudier nous-mêmes, qu'à découvrir les divers rapports des figures & des mouvemens. Mais quelques efforts que je fasse, pour connoître clairement la nature de mon ame, je ne puis découvrir aucune des diverses modifications dont elle est capable, & encore moins en les comparant entre-elles mésurer exactement leurs divers rapports.

Ce n'est que par le sentiment interieur que j'ai de moi-même, ou par l'idée de l'étenduë, que je puis m'assurer que certaines modifications appartiennent à mon esprit, & non pas à mon corps.

J'ai beau consulter cette idée lumineuse que quelques gens se vantent d'avoir de l'esprit, elle me laisse dans d'épaisses ténebres.

Je ne sçai en quoi consiste la difference du plaisir & de la douleur, quoique je sois persuadé que ces deux sensations sont essentiellement differentes.

Je ne suis pas plus éclairé à l'égard des sensations qui me semblent de même espece, & que je m'imagine bien connoître; & je ne vois pas que les Philosophes qui ont le plus étudié la nature de l'ame & de ses modifications, aient été plus heureux que moi dans leurs découvertes. De là vient ce me semble que jusqu'à nôtre siecle presque tous les hommes, sans en excepter les Philosophes même, se sont imaginez que les sensations ne sont pas dans l'ame, mais qu'elles sont ou dans le corps, ou dans les objets qui frappent les organes de nos ſens.

Car s'il étoit vrai qu'on eût de l'eſprit une idée plus claire que du corps, pourquoi n'auroit-on pas découvert les modifications de l'eſprit avec autant de facilité & d'évidence qu'on a connu celles de l'étenduë.

Comme ce n'eſt pas ici le lieu d'approfondir davantage cette queſtion, & qu'elle a été traitée avec toute l'exactitude poſſible par l'Auteur de la recherche de la verité, je ne crois pas devoir m'étendre davantage ſur ce ſujet.

Suppoſant donc pour certain ce que cet Auteur a prouvé d'une maniere inconteſtable, que nous n'avons nulle idée claire de nôtre ame ; & que toute la connoiſſance qu'on en peut avoir n'eſt qu'une ſcience experimentale, produite par les diverſes ſenſations que nous

éprouvons : je n'ai garde d'entreprendre de donner de Démonſtrations exactes de ce qui regarde l'eſprit humain.

Que ſi j'appelle Démonſtrations les preuves que je donne, ce n'eſt qu'en prenant ce terme ſelon toute l'étenduë qu'il a dans le commerce du monde, où l'on appelle quelquefois Démonſtrations les preuves les plus fortes qu'on puiſſe donner des ſujets dont on parle.

Neanmoins je ne penſe pas qu'on puiſſe nier que la ſcience de l'homme, quoique dépourvûë d'évidence, ne ſoit non ſeulement tres-utile, mais même préferable à d'autres ſciences beaucoup plus exactes & plus évidentes.

Quelque utiles & quelque eſtimables que ſoient les Mathematiques, il eſt difficile de ne pas regarder, comme un renverſement d'eſprit, la conduite de certaines gens qui en font l'unique objet de leur application;& qui vivans dans une ignorance grossiere de ce qu'ils sont eux-mêmes, regardent la science de l'homme comme un amusement assez inutile,&qui n'est propre que pour de petits esprits incapables de s'élever à des sciences plus sublimes & plus difficiles.

Tel ne s'est jamais mis en peine de sçavoir ce que c'est que son ame, si elle est distinguée d'avec son corps ; si elle perira avec lui, ou si elle est immortelle, qui se fatigue jour & nuit à chercher la quadrature du Cercle, ou à résoudre les Equations les plus composées de l'Algebre: n'est-il pas évident qu'il faut mettre chaque chose dans son rang, & que les connoissances les plus utiles & les plus necessaires, quoique peu exactes & sans évidence, doivent être préferées aux sciences les plus exactes & les plus évidentes, lorſqu'elles ſont ou inutiles, ou moins neceſſaires ?

Il me ſeroit aiſé de faire voir ici que de toutes les ſciences, il n'en eſt point ni de plus utile, ni de plus neceſſaire que la ſcience de l'homme; mais outre qu'il me ſemble qu'on eſt aſſez convaincu de cette verité, pour peu qu'on y faſſe réflexion, elle a été prouvée avec tant d'étenduë & de ſolidité par pluſieurs bons Auteurs, que je ne pourrois que répeter ici ce qu'ils en ont écrit.

Du reſte, il s'en faut bien que cë traité n'ait l'étenduë que je croïois lui donner.

J'avois deſſein d'y ajoûter beaucoup de choſes; mais quelques raiſons m'obligent d'en ſouffrir l'impreſſion dans l'état où il paroît maintenant.

TRAITEZ DE METAPHYSIQUE,

Démontrée selon la méthode des Géometres.

SECOND TRAITE'.

De l'Esprit humain & de ses proprietez.

SECTION PREMIERE.

De l'Esprit considéré entant qu'il connoît.

Définitions ou explications de quelques termes.

1. PAR Esprit, j'entens l'être qui pense ; & par idée claire, j'entens l'objet immediat des perceptions de l'esprit, lorsqu'il le connoît si distinctement, qu'il peut en découvrir avec évidence plu-

ſieurs proprietez, les comparer entre-elles, & ſçavoir exactement leurs rapports. Telles ſont les idées des nombres & de l'étenduë.

2. Par entendement, j'entens l'eſprit entant qu'il contemple ſes idées claires & leurs rapports, & les rapports de ces rapports à l'infini.

3. Par ſenſations, j'entens l'eſprit entant qu'il reçoit certaines modifications à l'occaſion des mouvemens que les objets excitent dans quelques parties du corps auquel il eſt uni, & qu'on appelle ordinairement organes des ſens.

4. J'appelle connoître par idée, lorſque l'eſprit en contemplant quelques-unes de ſes idées claires, peut connoître d'une ſimple vûë leurs proprietez generales, & qu'en les comparant entre-elles il en peut découvrir exactement les rapports tant ſimples, que compoſez.

5. J'appelle connoître par ſentiment, lorſque l'eſprit ne trouvant point en lui-même d'idées claires des choſes qu'il connoît, il n'en a que des ſenſations ſans évidence.

6. Par cause materielle, j'entens ce qui entre dans la composition d'un être, & qui lui est commun avec plusieurs autres.

7. Par cause formelle, j'entens ce qui entre essentiellement dans la composition d'un être, mais qui lui est particulier & qui le distingue de tout autre.

AXIOMES.

Les modes dépendent tellement de la substance qu'ils modifient, qu'ils ne peuvent jamais devenir les modes d'une autre substance : *car les modes n'étant que la substance même de telle ou telle façon, dire que les modes d'une substance deviennent les modes d'une autre ; c'est assurer qu'une substance se peut transformer dans une autre, & cesser d'être ce qu'elle est.*

On ne doit pas assurer qu'une cause produise un effet, lorsqu'entre elle & cet effet, l'esprit n'apperçoit aucun rapport necessaire.

DEMANDES OU SUPPOSITIONS.

1. L'étenduë n'est capable que de

deux ſortes de modifications ; ſçavoir de figures, & de mouvemens ; c'eſt-à-dire, de rapports de diſtance permanens ou ſucceſſifs.

2. Les figures & les mouvemens ne peuvent être des penſées, ni les penſées des figures & des mouvemens.

3. Il manque à nôtre eſprit pluſieurs connoiſſances qu'il deſire d'avoir, & il connoît pluſieurs choſes qu'il ne peut comprendre.

4. Le doute, l'ignorance, la douleur, ſont des imperfections.

5. La ſeule marque certaine que nous aïons que les êtres ſont diſtinguez réellement, c'eſt quand ils peuvent être conçûs l'un ſans l'autre.

6. L'eſprit a des idées claires des nombres & de l'étenduë : & il peut découvrir les rapports qui ſont entre-elles & les rapports de rapports à l'infini.

7. On voit ſouvent des corps comme exiſtans, quoiqu'il n'y en ait point qui exiſtent hors de nous ; par exemple, dans le delire & pendant le ſommeil.

8. Le ſentiment interieur que chacun de nous a de ce qui ſe paſſe en ui-

lui-même, ſuffit pour nous aſſurer que nôtre eſprit reçoit certaines ſenſations ou autres modifications.

Par exemple, quand nous ſentons du plaiſir, & de la douleur, il n'en faut pas davantage pour nous rendre certains que nôtre eſprit a veritablement un ſentiment qui lui plaît, ou qu'il en a un qui lui eſt déſagréable.

PROPOSITION I.

Il eſt ſi certain que l'eſprit exiſte, qu'on ne peut douter de ſon exiſtence.

DEMONSTRATION.

Je penſe, puiſque je doute ſi je ſuis, & je ne puis douter, ſans penſer actuellement.

Or je ne puis penſer, ſans que j'exiſte, le néant n'aïant aucunes proprietés.

Donc il eſt ſi certain que l'eſprit exiſte, qu'on ne peut douter de ſon exiſtence.

Définition du 1. Traité. Par l'Axiome 2. du 1. Traité.

CONSEQUENCE.

L'exiſtence de l'eſprit eſt plus certaine que celle du corps.

DEMONSTRATION.

Par la Propoſition précedente. De ce que je penſe & que je doute, j'en conclus que je ſuis, ſans qu'aucun doute, quelque extravagant qu'il ſoit, puiſſe ébranler la certitude que j'ai de mon exiſtence.

Or les preuves de raiſon que j'ai de l'exiſtence des corps, ſont fondées ſur ce que j'y penſe ; & il n'eſt pas évident que je n'y puiſſe penſer ſans qu'ils exiſtent ; car on en voit ſouvent qui ne ſont point.

Par la Demande 8. Donc l'exiſtence de l'eſprit eſt plus certaine que celle du corps.

ECLAIRCISSEMENT.

Quoique je ſois plus certain de l'exiſtence de mon eſprit, que je ne le ſuis de celle des corps, on peut conclure de-là que j'ai une idée plus claire de mon eſprit, que je n'en ai du corps.

Il y a bien de la difference entre l'évidence & la certitude : on peut être certain qu'une choſe exiſte ſans qu'on la connoiſſe évidemment, parce que l'eſprit connoît les objets en deux manieres, par l'idée & par ſentiment.

Ce qu'il connoît par idée, il le voit clairement; & en s'appliquant à le conſiderer, il en découvre les diverſes proprietez, & il peut les comparer entre elles, & ſçavoir exactement leurs differens rapports.

Il n'en eſt pas de même de ce qu'il ne connoît que par ſentiment; parce que n'en trouvant en lui-même aucunes idées qu'il puiſſe contempler, il n'eſt touché que de certains ſentimens confus qui le pénétrent, s'il eſt permis de parler ainſi, & qui le convainquent qu'il ſe produit en lui-même quelques changemens: mais ces ſentimens quelque vifs qu'ils ſoient, ne lui découvrent pas clairement ni ce qu'il eſt lui-même, ni ce qu'ils ſont en eux-mêmes, ou par rapport à d'autres ſemblables ou differens.

Par exemple, lorſque je me brûle, je ſuis convaincu qu'il arrive en moi quelque changement, & que je ſouffre une douleur que je ne ſentois pas un peu auparavant.

Je ne puis neanmoins ſçavoir quelle eſt la nature de cette ſenſation, ni connoître exactement aucunes de ses proprietez, ou quels sont ses rapports avec d'autres sensations, ou presque semblables, ou tout-à-fait differentes.

Proposition II.

L'Esprit humain n'est pas infini.

Demonstration.

Si l'Esprit humain étoit infini, il ne lui manqueroit aucunes connoissances, & il ne connoîtroit rien qu'il ne pût comprendre.

Par la Demande 4. Or il lui manque plusieurs connoissances qu'il desire de posseder, & il connoît plusieurs choses qu'il ne peut comprendre.

Donc l'Esprit humain n'est pas infini.

Proposition III.

L'Esprit humain n'est pas parfait.

Demonstration.

Par la Demande 4. Le doute & l'ignorance, sont des imperfections.

Or l'Eſprit humain ignore beaucoup de choſes. Par la Demande 3. & par la Propoſition précedente.

Donc il n'eſt pas parfait.

CONSEQUENCE.

L'Eſprit humain n'eſt ni la Divinité même, ni aucune de ſes modifications.

DEMONSTRATION.

Tout ce qui n'eſt ni infini, ni parfait, ne peut être ni la Divinité même, ni aucune de ſes modifications. Par la Définition & la Propoſition du 1. Traité.

Or l'Eſprit humain n'eſt ni infini, ni parfait. Par les Propoſitions 2. & 3.

Donc l'Eſprit humain n'eſt ni la Divinité même, ni aucune de ſes modifications.

Je ne prouve ici cette Propoſition & ſes conſequences, dont preſque perſonne ne doute, que par rapport à certains Philoſophes modernes, qui ſont tombez ſur ce ſujet dans des erreurs extravagantes & dangereuſes.

PROPOSITION IV.

L'Eſprit n'exiſte pas par lui-même.

DEMONSTRATION.

Si l'Eſprit exiſtoit par lui-même, il

Par la Conſe-quence 2. de la Propoſi-tion 13 du 1. Traité.

ſeroit indépendant, & Dieu ne pourroit l'anneantir ; car il ne peut anneantir aucun être en voulant poſitivement qu'il ne ſoit plus, ſa volonté ne pouvant avoir le neant pour terme, mais ſeulement en ceſſant de vouloir qu'il exiſte.

Par la Propoſi-tion du 1. Traité.

Or ſi l'Eſprit exiſtoit par lui-même, il ne ceſſeroit pas d'exiſter, quoique Dieu ceſsât de vouloir qu'il fût, & par conſequent il ne pouroit l'anneantir ; mais Dieu étant tout-puiſſant, il n'y a aucun être qu'il ne puiſſe anneantir.

Donc l'Eſprit n'exiſte pas par lui-même.

PROPOSITION V.

L'Eſprit n'exiſte pas neceſſairement.

DEMONSTRATION.

Tout ce qui n'exiſte pas par ſoi-même, ne peut exiſter neceſſairement, s'il n'eſt une modification ou une émanation neceſſaire de la Divinité.

Par la Propoſi-tion 4. du 1. Traité.

Or par la Propoſition précedente, l'Eſprit humain n'exiſte point par lui-même ; & par la ſeconde Conſequence de la troisiéme Proposition, il n'est ni la Divinité même, ni une de ses modifications; & Dieu se suffisant à lui-même, il ne peut être une émanation necessaire de sa sustance.

Donc l'Esprit n'existe pas necessairement.

Consequence

L'Esprit n'est point éternel par sa nature.

Demonstration.

Nul être n'est éternel par sa nature, s'il n'existe par lui-même & necessairement. Par l'explication de ce terme 1. Traité.

Or l'Esprit n'existe ni par lui-même, ni necessairement. Par les Propositions 3. & 4. du 1. Traité.

Donc l'Esprit n'est pas éternel par sa nature.

Proposition VI.

Il n'y a que Dieu seul qui puisse avoir créé les Esprits.

Demonstration.

Du neant à l'être il y a une distance infinie, qui ne peut être vaincuë

Par la Proposition 17. du Traité 1. & par ses Consequences.

que par une puissance infinie, & il n'y en a point de telle que la puissance de Dieu.

Or l'Esprit n'existant point necessairement, ni par lui-même, il ne peut exister sans qu'il passe du neant à l'être.

Par les Propositions 3. & 4.

Donc il n'y a que Dieu seul qui puisse avoir créé les Esprits.

CONSEQUENCE.

Il n'y a que Dieu seul qui puisse conserver les Esprits.

DEMONSTRATION.

Par la Proposit. 17. du 1. Traité, & ses Consequences.

La conservation des êtres n'est de la part de Dieu qu'une création continuée.

Or par la Proposition précedente il n'y a que Dieu seul qui puisse créer les Esprits.

Donc il n'y a que Dieu seul qui les puisse conserver.

PROPOSITION VII.

L'esprit n'est pas une modification du corps.

DEMONSTRATION.

Toutes les modifications dont le

corps eſt capable, ſe réduiſent à des figures ou à des mouvemens. Par la Demande 1.

Or l'Eſprit n'a ni figures, ni mouvemens. Par la Demande 3.

Donc il n'eſt pas une modification du corps.

CONSEQUENCE.

L'Eſprit n'eſt point compoſé de parties, ni diviſible.

DEMONSTRATION.

Si l'Eſprit étoit compoſé de parties, ou diviſible, il auroit des figures ou des mouvemens. Par la Demande 1.

Or par la Propoſition précedente, il n'a ni figures, ni mouvemens, puiſqu'il n'eſt pas une modification du corps.

Donc l'Eſprit n'eſt ni compoſé de parties, ni diviſible.

PROPOSITION VIII.

L'étenduë n'eſt point une modification de l'Eſprit.

DEMONSTRATION.

Ce qui peut être conçû clairement,

Par les définitions 6 & 7. du 1. Traité. seul & sans penser à l'Esprit, n'en peut être une modification.

Par la Demande 1. Or l'étenduë se conçoit clairement, seule & sans penser à l'Esprit.

Donc l'étenduë n'est point une modification de l'esprit.

CONSEQUENCE I.

Le Corps n'est point une modification de l'Esprit.

DEMONSTRATION.

Par la définition du 1. Traité. Le Corps n'est que l'étenduë diversement figurée & agitée.

Par la Proposition précedente. Or l'étenduë ne peut être une modification de l'Esprit.

Donc le Corps n'est point une modification de l'Esprit.

CONSEQUENCE II.

Les modifications du corps ne peuvent appartenir à l'esprit, ni les modalités de l'esprit appartenir au corps.

DEMONSTRATION.

Par l'Axiome 3. Les modalités d'une substance ne peuvent devenir les modalités d'une autre.

Or toutes les manieres d'être du

corps ſont les modalités de l'étenduë qui eſt une ſubſtance ; & les modifications de l'eſprit les manieres de l'être qui penſe.

Donc les modifications du corps ne peuvent appartenir à l'eſprit ; ni les modalités de l'eſprit appartenir au corps.

CONSEQUENCE III.

L'eſprit & le corps ſont diſtinguez réellement.

DEMONSTRATION.

Deux êtres ſont diſtinguez réellement, lorſque l'un peut être conçu clairement ſans penſer à l'autre. Par la Demande 5.

Or l'on peut concevoir clairement le corps ſans penſer à l'eſprit, puiſqu'il n'en eſt point une modification. Par la Propoſition 8. & par ſes Conſequences.

Donc l'eſprit & le corps ſont diſtinguez réellement.

CONSEQUENCE V. ET PROPOSIT. IX.

L'eſprit eſt immortel en ce ſens, que de la mort du corps, on n'en peut conclure, que l'eſprit qui lui eſt uni, ſoit détruit ou aneanti.

DEMONSTRATION.

Quand deux êtres ſont diſtinguez réellement, de la deſtruction de l'un, on n'en peut conclure que l'autre ſoit détruit ou aneanti.

Par la Conſequence 4. de la Propoſition précedente. Or l'eſprit & le corps ſont diſtinguez réellement.

Donc de la mort du corps, on n'en peut conclure, que l'eſprit qui lui eſt uni ſoit détruit ou aneanti.

ECLAIRCISSEMENT.

Je n'entreprens pas de démontrer que l'eſprit ſoit immortel par ſa nature; car n'aïant pas de lui-même le pouvoir d'exiſter, ni de ſe conſerver un ſeul moment; mais dépendant de Dieu, tant pour ſa création, que pour ſa conſervation: comment auroit-il, par ſa nature, la puiſſance de ſe conſerver éternellement.

Je ne prétens pas non plus démontrer que Dieu veuille qu'il ſoit immortel; car Dieu n'aimant neceſſairement que ſoi-même, & les eſprits n'étant ni des modifications, ni des émanations neceſſaires de ſa ſubſtance: comment pourrois-je découvrir dans l'idée de l'être infiniment parfait, qu'il veuille necessairement l'existence de quelque être distingué de lui-même.

Or pouvant cesser de vouloir tout ce qu'il ne veut pas necessairement, la raison seule ne peut m'assurer qu'il ne cessera jamais de vouloir que les esprits qu'il a créez continuent d'exister.

Il y a des Philosophes qui prétendent, que la volonté de Dieu ne pouvant avoir le neant pour terme, parce qu'il n'a rien de bon, Dieu ne peut vouloir l'anneantissement des êtres qu'il a créez, & par consequent qu'ils doivent durer éternellement.

Mais ils ne font pas réflexion, que bien que la volonté de Dieu ne puisse avoir le neant pour terme, on ne peut conclure delà que l'anneantissement des êtres qu'il a créez lui soit impossible; car pour les anneantir, il n'est pas nécessaire que la volonté de Dieu ait le neant pour terme: mais il suffit seulement qu'il cesse vouloir ce qu'il a voulu librement; ou plûtôt que de toute éternité, il ait pû ne vouloir l'existence de certains êtres que pour un tems seulement

Or pouvoir cesser de vouloir ce qu'on a voulu librement, ou plûtôt ne vouloir certaines choses que pour un certain tems seulement, n'est pas une volonté défectueuse qui a le neant pour terme; mais une perfection qui resulte de ce que l'être infiniment parfait se suffisant pleinement à lui-même, il n'y a point de motif qui le détermine necessairement à vouloir autre chose que lui-même.

D'autres Philosophes soûtiennent, que Dieu étant immuable, il ne peut anneantir aucun des êtres qu'il a faits, & par consequent qu'aïant créé les esprits, il faut que leur durée soit éternelle: mais outre que cette raison prouve que Dieu étant auteur des corps, aussi-bien que des esprits, il n'est plus en son pouvoir de les anneantir, ce qui donne des bornes à sa toute puissance; il faut que ces Philosophes montrent que Dieu ne peut anneantir aucun des êtres qu'il a faits, sans donner atteinte à son immutabilité; c'est ce qu'ils ne prouvent pas clairement.

Il est aisé au contraire de faire voir que Dieu sans être sujet à aucun changement, peut de toute éternité avoir voulu librement que les êtres qu'il a faits n'eussent qu'une certaine durée que nous ignorons. Car tous les êtres que Dieu a faits étant tellement dépendans de ses volontez, qu'ils n'ont existé que parce qu'il a voulu qu'ils fussent, & qu'ils ne continuent d'être, que parce qu'il continuë de vouloir qu'ils existent : dés le moment que cette volonté libre, par laquelle il les a voulu créer vient à cesser, il est certain que sans qu'il arrive en lui aucun changement, ces êtres tombent dans le neant d'où ils étoient sortis.

On dira peut-être que cesser de vouloir ce qu'il a voulu est un changement; mais je répons qu'il est vrai qu'il arrive du changement en nous, lorsque nous cessons de vouloir ce que nous voulions; parce que nos volontez, ou plûtôt nos volitions, s'il est permis de parler ainsi, se succedent les unes aux autres; & qu'à proprement parler, ce sont diverses modifications que nôtre esprit reçoit successivement : mais lorsque par une seule & même operation qui s'étend à tous les tems & à toutes choſés, Dieu veut que les êtres qu'il a créez n'exiſtent que pendant un certain tems, qu'il a reglé de toute éternité ; peut-on dire qu'il change de volonté, lorſque ces êtres étant parvenus aux limites qu'il a marquées pour leur durée, ils ne continuent plus d'exiſter ?

Je conviens que ſelon les loix ordinaires, par leſquelles Dieu regit l'Univers, il n'y a que les modes qui ſe détruiſent, & que les ſubſtances continuent toûjours d'exiſter ; mais comme ces loix ſont arbitraires, & que nous ne les connoiſſons que par experience, voïons-nous clairement qu'elles doivent durer éternellement ; & que ce qui n'eſt point arrivé pendant un tems, qui par rapport à l'éternité n'eſt rien, doive ſubſiſter éternellement.

D'ailleurs quand nous ſerions aſſûrez que Dieu veut que la matiere ait une durée éternelle, en pourrions-nous conclure qu'il veut la même choſe à l'égard des eſprits, puiſque ces divers êtres, étant diſtinguez réellement, ſont indépendans l'un de l'autre, ſoit à l'égard de leur exiſtence, ſoit à l'égard de leur conſervation.

Ainſi la raiſon ſeule ne nous fourniſſant point de preuve convaincante que la durée des eſprits doive être éternelle, il n'y a que la foi qui puiſſe nous rendre tout-à-fait certains de cette importante verité.

En voici neanmoins une preuve qui me ſemble aſſez forte, pour convaincre des eſprits qui ne ſont point prévenus, ou trop opiniâtres.

L'ordre veut que l'être infiniment parfait ſoit eſtimé & aimé infiniment plus que toutes choſes; & que le bonheur étant une récompenſe du mérite, les eſprits qui lui rendent ces devoirs ſoient plus heureux que ceux qui les lui refuſent, ou qui négligent de s'en acquiter.

Par la Propoſition 14. & ſes Conſequences.

Or Dieu veut l'ordre neceſſairement; & étant tout puiſſant, il eſt inconcevable qu'il veuille que les eſprits qui le renverſent, ſoient plus heureux que ceux qui le ſuivent, & qui lui ſacrifient toutes choſes: cependant l'experience nous apprend, que pendant le cours de la vie préſente tout le contraire arrive.

Par la Propoſition 17. du 1: Traité.

Donc l'ordre veut que les eſprits ſubſiſtent aprés la mort du corps, afin de joüir du bonheur qui doit être la récompenſe de leur mérite.

Je ſçai bien que ces raiſons ne ſont pas tout-à-fait convaincantes, & qu'on peut les affoiblir par un grand nombre d'objections que je ne penſe pas devoir prévenir : de plus, que quand même cette preuve ſeroit tout-à-fait exacte, elle montreroit ſeulement que les eſprits ne doivent pas être anneantis par la mort du corps, mais elle ne ſuffiroit pas pour faire voir que leur durée doit être éternelle.

Proposition X.

L'eſprit a des idées claires de pluſieurs êtres diſtinguez de lui-même.

Demonstration.

Par les Demandes 2. & 6. & par la Propoſition 8.

L'eſprit connoît ſi clairement les nombres & l'étenduë, qui ſont des êtres diſtinguez de lui-même, qu'il en peut découvrir les proprietez & les rapports exacts qui ſont entre elles.

Par la Definition 1.

Or il ne peut connoître de la ſorte ces êtres, ſans en avoir des idées claires.

Donc l'eſprit a des idées claires de pluſieurs êtres diſtinguez de lui-même.

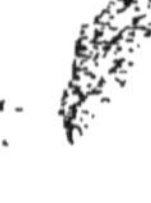

PROPOSITION XI.

Les idées de l'esprit sont des êtres tres-réels.

DEMONSTRATION.

Les idées que nous avons des nombres & de l'étenduë ont un nombre infini de proprietez.

Or elles n'en auroient aucune, si elles n'étoient des êtres réels, le neant n'en étant pas capable. Par l'Axiome 2. du 1. Traité.

Donc les idées de l'esprit sont des êtres tres-réels.

PROPOSITION XII.

Les idées claires de l'esprit contiennent des réalitez infinies.

DEMONSTRATION.

On peut à l'infini découvrir des rapports de rapports entre les diverses proprietez des nombres & de l'étenduë dont nous avons des idées claires & distinctes. Par la Demande 6.

Or ces rapports sont des êtres réels, puisqu'ils ont des proprietez differentes, & que le neant n'en a aucunes. Par l'Axiome du 1. Traité.

Donc les idées claires de l'esprit renferment des réalitez infinies.

PROPOSITION XIII.

Par l'Axiome du 1. Traité. L'esprit n'est point la cause veritable de ses idées.

DEMONSTRATION.

Par la Demande 6. Nul effet ne peut avoir plus de réalité que sa cause veritable.

Par les Prepositions 3. & 4. Or les idées de l'esprit renferment des réalitez infinies ; & l'esprit n'est ni infini ni infiniment parfait.

Donc l'esprit n'est point la cause veritable de ses idées.

PROPOSITION XIV.

Le corps ne peut être cause des idées de l'esprit.

DEMONSTRATION.

Par la Demande 1. Les corps ne sont capables que de recevoir deux sortes de modifications, sçavoir des figures & des mouvemens.

Par la Demande 6. Or les idées que l'esprit a des nombres, de leurs proprietez & des rapports de l'étenduë, ne sont ni des figures, ni des mouvemens.

Donc les corps ne peuvent produire les idées de l'esprit.

PROPOSITION XV.

L'esprit n'a point d'idée claire de lui-même.

DEMONSTRATION.

L'eſprit ſçait ſeulement qu'il penſe, qu'il veut, qu'il reçoit telles ou telles modifications; mais il ne peut découvrir clairement les proprietez d'aucunes, ni ſçavoir exactement aucuns de leurs rapports.

Or s'il avoit une idée claire de lui-même, il verroit clairement les diverſes proprietez de ſes propres modifications, & en pourroit découvrir les rapports. Par les Définitions 5, & 6.

Donc l'eſprit n'a point d'idée claire de lui-même.

CONSEQUENCE I.

L'eſprit ne connoît lui-même, & toutes ſes modifications, que par ſentiment.

DEMONSTRATION.

On ne conn[illegible] que par ſentiment les objets don[illegible]e peut voir clairement les proprietez, & les comparer entre elles, pour en découvrir les rapports. Par la Définition 5.

Or par la Propoſition précedente, l'eſprit ne peut voir clairement ſes proprietez differentes, ni les comparer entre elles pour en découvrir les rapports.

Donc l'esprit ne se connoît lui-même & toutes ses modifications que par sentiment.

CONSEQUENCE II.

Les idées claires de l'esprit ne sont pas des modifications de son être.

DEMONSTRATION.

Par la Demande 6.

Les idées claires de l'esprit sont tellement connuës de lui, qu'en les contemplant, il en peut découvrir clairement les diverses proprietez, les comparer entre elles, & en sçavoir exactement les rapports.

Par la Proposition précedente.

Or il ne peut faire la même chose à l'égard d'aucune de ses propres modifications.

Donc les idées claires de l'esprit ne sont pas des modifications de son être.

ECLAIRCISSEMENT.

On con[illegible] ordinairement les perceptions de [illegible]esprit avec les idées qui en sont les ob[illegible]ets, quoique ce soient choſes tout-à-fait differentes ; car l'idée qui eſt l'objet d'une perception eſt diſtinguée de l'eſprit qui apperçoit; au lieu que la perception qu'il a de cet objet eſt une modification de ſon être. En un mot, je ne penſe pas qu'on puiſſe nier qu'il n'y ait ſouvent grande difference entre nous qui appercevons, & les idées des objets que nous appercevons.

Par exemple, quand nous découvrons les rapports, tant ſimples que composez qui ſont entre les nombres & les figures, il me ſemble évident que les expoſans de ces rapports ſont differens de nous-mêmes qui les appercevons. Lorſque nous penſons au Cercle en general, & que nous en examinons les proprietez : peut-on dire que le Cercle en general que nous contemplons alors, ne ſoit autre choſe, que l'action de nôtre eſprit qui prend le Cercle pour objet de ſon application ?

Faute de diſtinguer ces choſes, quelques Philoſophes ſont tombez en diverſes erreurs à l'égard de nos idées ; les uns ſoûtenans que l'eſprit eſt la cauſe materielle de ſes idées ; d'autres qu'il en eſt la cauſe formelle, ou que ſes idées neſont autre choſe, que des modifications de ſon être.

CONSEQUENCE III.

Les ſenſations de l'eſprit ne ſont pas des idées.

DEMONSTRATION.

Par la Conſequence 1. de la Propoſition 14.

L'eſprit ne connoît clairement aucunes de ſes ſenſations.

Or l'eſprit connoît clairement ſes idées.

Demande 6.

Donc les ſenſations de l'eſprit ne ſont pas des idées.

CONSEQUENCE IV.

L'eſprit connoît en deux manieres, par idée & par ſentiment.

DEMONSTRATION.

L'eſprit connoît ſes idées ſi clairement, qu'il peut découvrir toutes leurs proprietez, & tous leurs rapports ; & il ſe connoît lui-même & ſes modifications, ſans qu'il en puiſſe appercevoir clairement aucunes proprietés ni aucuns rapports.

Or c'eſt ce que j'appelle connoître par

par idée, & connoître par ſentiment.

Donc l'eſprit connoît en deux manieres, par idée & par ſentiment.

CONSEQUENCE V.

L'eſprit ne contient ni formellement ni éminemment ſes idées.

DEMONSTRATION.

Si l'eſprit contenoit formellement ſes idées, elles ſeroient des modifications de ſon être; & s'il les contenoit éminemment il auroit plus de réalité qu'elles n'en ont, & pourroit ſuppéler à leur defaut.

Par la définition de ces termes.

Or les idées ne ſont point des modifications de l'eſprit, & elles renferment des réalitez infinies que l'eſprit n'a pas, & qu'il ne peut ſuppléer puiſqu'il eſt fini.

Par la Conſequence 2. de la Propoſition. 15. & par la propoſition 12.

Donc l'eſprit ne contient ſes idées ni formellement, ni éminemment.

Par la demande 3. & la propoſition 3.

CONSEQUENCE VI.

L'eſprit ne peut voir en lui-même toutes ſes idées, & leurs differens rapports.

DEMONSTRATION.

L'esprit ne peut voir dans lui-même que ce qu'il contient ou formellement ou éminemment; *car on ne peut voir un objet où il n'est en aucune façon.*

Or par la consequence precedente l'esprit ne contient ni formellement, ni éminemment ses idées, & leurs rapports.

Donc l'esprit ne peut voir dans lui-même ses idées & leurs rapports.

CONSEQUENCE VII.

L'esprit ne peut voir dans lui-même toutes les veritez immuables & éternelles qu'il connoît, & qu'il peut peut connoître.

DEMONSTRATION.

Par la définitiõ du 1. Traité. Les veritez éternelles & immuables ne sont autre chose que les rapports tant simples que composez qui se rencontrent entre les idées de l'esprit.

Par la Proposition 12. & par la Consequence 4. de la Proposition 15. Or ces rapports contenant des réalitez infinies distinguées de l'esprit même, & qu'il ne contient ni formellement ni éminemment, il ne peut les voir dans lui-même.

Donc l'esprit ne peut voir dans lui-même les veritez éternelles & immuables qu'il connoît.

Proposition XVI.

Je ne connois point d'autre être que Dieu seul, en qui l'esprit pusse voir les idées claires qu'il a des nombres & de l'étenduë, & tous leurs rapports.

Demonstration.

L'esprit ne peut voit ses idées & leurs rapports que dans un être qui en renferme formellement ou éminemment les réalitez infinies.

Or je ne connois aucun être que Dieu seul, qui contienne formellement ou éminemment tous les rapports infinis que l'esprit peut découvrir entre ses idées.

Donc je ne connois aucun être que Dieu seul en qui l'esprit puisse voir ses idées & tous leurs differens rapports.

Eclaircissement.

Je ne pretens pas démontrer que l'esprit ne peut voir qu'en Dieu seul les idées claires qu'il a des nombres & de l'étenduë avec tous leurs divers rapports ; car encore que j'aie prouvé qu'il ne peut les voir en lui-même, je ne crois pas pouvoir conclure de-là qu'il ne peut les voir qu'en Dieu ſeul. Car il n'eſt pas tout-à-fait évident que Dieu n'ait pû créer des êtres repreſentatifs de ces idées.

J'avoüe que cette opinion n'eſt pas vrai-ſemblable, parce que Dieu ne faiſant rien d'inutile, il prend toûjours les voies les plus courtes pour produire ſes ouvrages.

Or il me ſemble qu'il eſt plus facile de découvrir à l'eſprit les idées qu'il lui donne, & leurs rapports, en lui manifeſtant ſa ſubſtance où elles ſont toutes renfermées, qu'en créant pluſieurs millions d'êtres pour les lui repreſenter.

Neanmoins comme Dieu peut avoir des raiſons que je ne puis pénetrer de tenir une autre conduite, je ne penſe pas pouvoir démontrer que ce n'eſt qu'en lui ſeul que nous pouvons voir nos idées & tous leurs differens rapports.

SECTION II.

De l'esprit consideré entant qu'il veut.

DEFINITIONS.

Par bien de l'esprit, j'entens toute connoissance & tout sentiment agréable dont il est capable.

Quand j'entens par bien de l'esprit tout sentiment agréable, je suppose que ce sentiment agreable ne soit point incompatible avec quelque autre perfection de l'esprit, qui doive lui être preferée ; car il arrive souvent à cause que la capacité de l'esprit est bornée, qu'il ne peut avoir en même tems certaines perfections ou certains sentimens ; de sorte qu'alors tel sentiment agréable qui par lui-même seroit un bien à l'égard de l'esprit, est un mal par rapport aux perfections dont il le prive.

Par exemple le plaisir consideré en lui-même, & sans rapport aux perfections dont il peut être occasion de priver l'esprit, est un bien ; cependant parce qu'il remplit tellement la capacité de l'esprit qu'il partage l'attention qu'il doit donner à la connoissance de la verité, il devient un mal.

2. Par sentiment agréable j'entens tout plaisir & toute autre modification de l'esprit qui lui est agréable.

3. Par vrai bien j'entens tout ce qui peut par son efficace propre donner à l'esprit quelque connoissance ou quelque sentiment agréable.

4. Par souverain bien, j'entens ce qui peut donner à l'esprit toutes les connoissances & tous les sentimens agréables dont il est capable.

5. Par mal, j'entens toute privation de quelque perfection qui convienne à l'esprit, & tout sentiment desagréable.

6. Par sentiment desagréable, j'entens toute douleur & toute autre modification qui déplaît à l'esprit.

7. Par volonté, j'entens l'esprit poussé vers tout ce qui lui semble être bien à son égard.

8. Par jugement, j'entens l'esprit qui connoissant quelque objet, affirme ou nie que certaines proprietez lui conviennent, ou qu'il a certains rapports

avec d'autres objets de sa connoissance.

9. Par liberté, j'entens le pouvoir qu'a l'esprit de ne point juger, & de suspendre son consentement, jusqu'à ce que l'évidence le force de le donner.

10. Par aimer, j'entens l'esprit qui desire de s'unir à quelque objet qu'il regarde comme bien à son égard.

11. Par inclination, j'entens les desirs naturels de l'esprit consideré en lui-même & sans aucun rapport au corps.

DEMANDES

L'esprit est poussé invinciblement vers le vrai bien; mais il n'est pas déterminé necessairement à se porter vers ce qui n'a seulement que l'apparence du bien. *Car il peut examiner si ce qui lui semble être un bien, est tel qu'il lui paroît.*

ECLAIRCISSEMENT.

Je ne doute pas qu'il n'y ait des gens qui trouvent étrange que je demande qu'on m'accorde une chose qui leur semble fausse ou incertaine; mais je ſuis perſuadé que le ſentiment interieur qu'ont tous les hommes de ce qui ſe paſſe en eux-mêmes, eſt plus convaincant que tous les grands raiſonnemens qu'on fait pour prouver qu'ils n'ont point de liberté.

Je ne penſe pas qu'un homme capable de quelque reflexion, qui n'eſt point prévenu ni entêté, puiſſe nier qu'il ne ſoit en ſon pouvoir, du moins quelquefois, de ſortir d'un lieu ou d'y demeurer, de manger d'un fruit ou de n'en pas manger, d'ouvrir les yeux ou de les fermer.

Il n'en faut pas davantage pour être convaincu que nôtre eſprit n'eſt pas déterminé invinciblement à aimer tout ce qui lui paroît être un bien.

On ne doute de cette verité que lorſque n'écoutant plus le ſentiment interieur que nous avons de nous-mêmes on fait ſeulement attention à des raiſonnemens tirez de l'incompatibilité de la preſcience, ou la providence de Dieu avec la liberté humaine.

Mais il me ſemble qu'encore qu'on ne puiſſe répondre à certaines objections remplies de difficultez impenetrables à l'esprit humain, il ne faut pas pour cela révoquer en doute, ou rejetter comme fausses des veritez dont nous sommes tres-certains.

N'ayans point d'idée claire de nôtre esprit, nous ne pouvons voir évidemment qu'il doit avoir aucune des sensations qu'il reçoit à tous momens.

Toutefois on n'a jamais doute qu'il n'eût ces modifications; parce que l'experience certaine & incontestable doit l'emporter sur les raisonnemens qui la combattent, & qui ne sont que des objections qui naissent de ce que nous voulons juger des choses dont Dieu n'a pas voulu nous donner d'idées.

Il ne faut pas esperer d'évidence dans les choses que nous ne connoissons que par sentiment; mais cela n'empêche pas que nous n'en aions toute la certitude que nous pouvons desirer.

Il faut mettre de la difference entre la certitude & l'évidence. Le sentiment interieur que nous avons de ce qui se passe en nous-même, suffit pour nous rendre certains; mais comme il est obscur & confus, il ne peut nous donner la lumiere capable de produire l'évidence.

2. Lorsque l'évidence est entiere l'esprit ne peut s'empêcher de juger; mais quand elle ne l'est pas il a le pouvoir de suspendre son consentement.

3. L'esprit ne peut aimer un objet qui lui est inconnu.

4. La connoissance de la verité est une perfection.

5. L'esprit veut invinciblement être heureux.

PROPOSITION I.

L'esprit veut, ou il a une volonté.

DEMONSTRATION.

Par la Définition 8. La volonté n'est que l'esprit même en tant qu'il est poussé vers tout ce qui lui paroît être un bien.

Par la demande 1. Or l'esprit est poussé vers tout ce qui lui paroît être un bien.

Donc l'esprit veut, ou il a une volonté.

CONSEQUENCE I.

La volonté est une modification de l'esprit.

DEMONSTRATION.

Tout ce qui ne peut être conçû seul & sans penser à l'esprit en est une modification.

Or la volonté ne peut être conçûë seule & sans penser à l'esprit, puisqu'elle n'est que lui-même entant qu'il est poussé vers le bien.

Donc la volonté est une modification de l'esprit.

Par la Définition 8. du 1. Traité. Par la Définition 7.

CONSEQUENCE II.

La volonté n'est pas essentielle à l'esprit.

DEMONSTRATION.

Aucune des modifications d'un être ne lui est essentielle, puisqu'il peut être conçû seul, & sans penser à autre chose.

Or la volonté est une modification de l'esprit.

Donc la volonté n'est pas essentielle à l'esprit.

Par la Définition 6. du 1. Traité. Par la Définition 7. & par la consequence 1. précedente.

PROPOSITION II.

La volonté ne peut avoir d'autre cause

veritable que Dieu seul.

DEMONSTRATION.

Par la Conse-quence de la Pro-position 18. du 1. Traité.

Il n'y a point d'autre cause veritable de l'esprit & de toutes ses modifications que Dieu.

Or la volonté est une modification de l'esprit.

Par la Conse-quence 1.

Donc elle ne peut avoir d'autre cause veritable que Dieu seul.

ECLAIRCISSEMENT.

Comme nôtre volonté n'est autre chose que l'impression continuelle que nôtre esprit reçoit de l'Auteur de son être, qui le pousse sans cesse vers le bien; il est évident qu'elle ne peut avoir d'autre cause veritable que Dieu.

Je sçai bien que si on prend le mot de cause dans le sens ordinaire qu'on lui donne, où l'on regarde comme cause tout ce qui est occasion à Dieu de produire certains effets; nos volontez ont plusieurs autres causes differentes. Car les idées des objets qui se presentent à nôtre esprit, & les sentimens dont il est touché à l'occasion des mouvemens du corps auquel il est uni, excitent en lui differens desirs qui le déterminent à vouloir ou ne vouloir pas certaines choses. Mais n'y aïant nul rapport necessaire entre nos idées, nos sensations & nos volontez, il me semble qu'on ne peut soûtenir qu'elles en soient les causes veritables.

PROPOSITION III.

Le mouvement de l'esprit vers le vrai bien, n'est pas une modification qui dépende de l'esprit de se donner ou de ne pas recevoir.

DEMONSTRATION.

S'il étoit au pouvoir de l'esprit de se donner ou de ne pas recevoir le mouvement qui le pousse vers le bien, il ne seroit pas poussé invinciblement vers tout ce qu'il juge être un vrai bien.

Or l'esprit est poussé invinciblement vers tout ce qu'il juge être un vrai bien. Par la Demande 1.

Donc le mouvement de l'esprit vers le vrai bien n'est pas une modification qui dépende de lui, de se donner ou de ne pas recevoir.

PROPOSITION IV.

Le mouvement de l'esprit vers le vrai bien demeure indéterminé, s'il n'est déterminé vers les biens particuliers par ses idées ou par ses sentimens.

DEMONSTRATION.

Par la Demande 4.

L'esprit ne se peut déterminer d'aimer aucun bien particulier s'il ne lui est connu.

Par la Conse-quence 4. de la Proposition 15. de la 1. section.

Or l'esprit ne connoissant qu'en deux manieres, par idée ou par sentiment, il ne peut connoître aucun bien particulier que par ses idées ou ses sentimens.

Donc le mouvement de l'esprit vers le vrai bien demeure indéterminé, s'il n'est déterminé vers quelque bien particulier par ses idées ou par ses sentimens.

CONSEQUENCE I.

Il n'y a que deux principes des déterminations de nôtre volonté, sçavoir les idées & les sentimens de l'esprit.

DEMONSTRATION.

Par la Définition 8.

La volonté n'est que le mouvement

de l'esprit vers tout ce qui lui paroît être un bien à son égard.

Or il n'y a que les idées & les sentimens de l'esprit qui déterminent ce mouvement. Par la Proposition précedente.

Donc il n'y a que deux principes des déterminations de la volonté, sçavoir les idées & les sentimens de l'esprit.

PROPOSITION V.

L'esprit ne peut s'empêcher de juger, lorsqu'il voit clairement les rapports qui sont entre ses idées, ou les rapports de leurs rapports.

DEMONSTRATION.

L'esprit ne peut s'empêcher de juger, lorsque l'évidence est entiere. Par la Demande 2.

Or lorsque l'esprit voit clairement les rapports qui sont entre ses idées; ou les rapports de leurs rapports. Par la Proposition 8.

Donc l'esprit ne peut s'empêcher de juger, lorsqu'il voit clairement les rapports qui sont entre ses idées ou les rapports de leurs rapports.

CONSEQUENCE.

L'évidence est le caractere de la verité.

DEMONSTRATION.

Par la Demande 2. Si l'évidence n'étoit pas le caractere de la verité Dieu seroit cause des erreurs où nous tombons, puisqu'elle nous détermine invinciblement à juger.

Par la Consequence de la Proposition 13. du 1. Traité. Or Dieu ne peut être cause de l'erreur.

Donc l'évidence est le caractere de la verité.

PROPOSITION VI.

L'esprit est libre à l'égard de plusieurs de ses jugemens.

DEMONSTRATION.

Par la Demande 2. Lorsque l'évidence n'est pas entiere l'esprit peut suspendre son consentement & s'empêcher de juger.

Par la Proposition 8. de la 1. Section. Or il arrive souvent que l'esprit ne voit pas les objets de ses perceptions avec une entiere évidence.

Par exemple, il ne se connoît pas lui-même & ses propres modifications, & plusieurs autres choses avec une entiere évidence; il peut s'empêcher de porter aucun jugement sur de tels sujets.

Donc l'esprit est libre à l'égard de

plusieurs de ses jugemens.

Proposition VII.

L'esprit ne se trompe que parce qu'il se détermine lui-même à juger, lorsqu'il n'y est pas déterminé invinciblement par une entiere évidence.

Demonstration.

L'esprit ne se trompe que parce qu'il croit voir ce qui n'est pas, & qu'il prend un rapport imaginaire pour un rapport réel.

Par la 10. explication de ce terme. Traité 1.

Or l'évidence étant le caractere de la verité, si l'esprit ne jugeoit jamais sans qu'elle le déterminât à juger, il ne prendroit jamais un rapport imaginaire pour un rapport réel.

Par la Conséquence de la Proposition 5.

Donc l'esprit ne se trompe que parce qu'il se détermine lui-même à juger, lorsqu'il n'y est pas déterminé invinciblement par une entiere évidence.

Proposition VIII.

Tous les jugemens de l'esprit dépendent de ses perceptions & de ses volontez.

DEMONSTRATION.

Par les Propositions 5. & 6.

L'eſprit ne porte aucun jugement s'il n'y eſt déterminé invinciblement par l'évidence, ou s'il ne s'y détermine lui-même, quoiqu'il ne connoiſſe pas évidemment les choſes dont il juge.

Par la Demande 2.

Or il ne peut être déterminé invinciblement par l'évidence, s'il ne voit clairement les rapports qui ſont entre ſes idées, ou les rapports de leurs rapports, & il ne ſe détermine lui-même à juger qu'en voulant librement donner ſon conſentement avant que d'y être forcé par l'évidence.

Donc tous les jugemens de l'eſprit dépendent de ſes perceptions & de ſes volontez.

PROPOSITION IX.

Quoique l'eſprit ſoit pouſſé invinciblement vers ce qu'il juge être le vrai bien, il lui eſt libre de n'aimer aucun bien particulier.

DEMONSTRATION.

L'eſprit eſt libre, lorſque l'évidence

n'étant pas entiere, il peut s'empêcher de juger que ce qui lui semble bien est tel qu'il paroît.

Par la Définition 10.

Or jamais il ne voit avec évidence entiere que ce qu'on appelle biens particuliers soient de vrais biens.

Par la Définition 1.

Donc il lui est libre de n'aimer aucun bien particulier.

CONSEQUENCE.

Les volontez de l'esprit sont souvent libres.

DEMONSTRATION.

Les volontez de l'esprit sont libres, lorsqu'il peut s'empêcher de vouloir quelque chose à quoi il se sent poussé.

Par la Définition 19.

Or par la proposition précedente, il n'y aucun bien particulier qu'il ne puisse s'empêcher d'aimer, quoique souvent il se sente poussé vers plusieurs de ces biens.

Donc les volontez de l'esprit sont souvent libres.

PROPOSITION X.

L'esprit ne peut aimer ce qu'il juge être un vrai mal.

DEMONSTRATION.

Par la Définition 7. L'Esprit ne peut aimer ni vouloir que par sa volonté, qui n'étant qu'une impression, ou un mouvement qui le pousse vers ce qui lui paroît un bien ne peut l'en éloigner.

Par les Définitions 1. & 5. Or s'il pouvoit aimer ce qu'il juge être un vrai mal, sa volonté l'éloigneroit du bien.

Donc l'esprit ne peut aimer ce qu'il juge être un vrai mal.

ECLAIRCISSEMENT.

Quoique l'Esprit ne puisse aimer ce qu'il juge être un mal, cela n'empêche pas qu'il n'aime souvent ce qui est un mal veritable; mais c'est qu'il est trompé alors par de fausses apparences qui lui font prendre le mal pour un vrai bien.

Il y a encore quelques rencontres où l'esprit semble aimer ce qui est un mal, comme lorsque pour parvenir à quelque bien, ou éviter quelque grand mal, il consent de souffrir la douleur ou la privation de quelque perfection qui lui convient ; mais ce n'est pas qu'il aime alors ce qu'il regarde comme un vrai mal; c'est que ce qui est un mal en soi-même lui semble un bien par rapport à d'autres maux plus considerables.

PROPOSITION XI.

L'esprit par sa propre nature & sans aucun rapport au corps a diverses inclinations.

DEMONSTRATION.

L'esprit par sa propre nature, & sans aucun rapport au corps, est poussé vers tout ce qu'il juge être un vrai bien à son égard. Par la Demande 1.

Or il y a plusieurs choses que l'esprit sans aucun rapport avec le corps, juge être un vrai bien à son égard, puisqu'il n'a pas toutes les connoissances & tous les sentimens agreables qu'il dersie de posseder. Par la Demande 4. de la section 1. de ce Traité.

Donc l'esprit consideré en lui-même, & sans aucun rapport avec le corps, a diverses inclinations.

CONSEQUENCE I.

L'esprit par sa propre nature, sans

aucun rapport au corps desire de connoître la verité.

Demonstration.

Par la Deman. de 1. L'esprit consideré en lui-même & sans aucun rapport au corps, desire ce qu'il juge être un vrai bien.

Par la Définitiõ Or la connoissance de la verité est un vrai bien, puisque par la demande 5. elle est une perfection qui lui convient.

Donc l'esprit consideré en lui-même & sans aucun rapport avec le corps desire naturellement de connoître la verité.

Consequence II.

L'esprit par sa propre nature & sans aucun rapport au corps, fuit l'erreur.

Demonstration.

Par la Deman-de 1. L'esprit par sa propre nature, & sans aucun rapport avec le corps, fuit tout ce qu'il juge être un mal veritable.

Par la Deman- Or l'erreur est un vrai mal, puisqu'elle prive l'esprit de la connoissance de la verité qui est une perfection qui lui convient.

Donc l'esprit par sa propre nature & sans aucun rapport avec le corps, fuit l'erreur.

de 5. & par l'explication du mot d'erreur 1. Traité

CONSEQUENCE III.

L'esprit par sa propre nature, & sans aucun rapport au corps ne peut vouloir être trompé.

DEMONSTRATION.

L'esprit par sa propre nature & sans aucun rapport au corps, fuit l'erreur.

Par la Consequence précedente.

Or il ne peut fuir l'erreur, & vouloir être trompé, puisque toute tromperie le fait donner dans l'erreur.

Par la Définition du mot Trómper.

Donc l'esprit par sa propre nature & sans aucun rapport au corps, ne veut point être trompé.

PROPOSITION XII.

L'esprit consideré en lui-même, & sans aucun rapport au corps, aime le plaisir & tous les sentimens agreables qu'il peut recevoir.

DEMONSTRATION.

Par la Demande 5. L'esprit consideré en lui-même & sans aucun rapport au corps, veut être heureux.

Par la Définition. Or le plaisir & les sentimens agréables contribuënt au bonheur.

Donc l'esprit consideré en lui-même & sans aucun rapport au corps, aime le plaisir & tous les sentimens agréables qu'il peut recevoir.

SECTION III.

De l'esprit consideré entant qu'il est uni au corps.

DEFINITIONS OU EXPLICATIONS DE MOTS.

1. Par corps humain, j'entens une portion de l'étenduë tellement arrangée & configurée, que les divers mouvemens qu'elle reçoit des autres corps qui l'environnent, se communique ordinairement jusqu'à une certaine partie principale, qui n'est point remuée sans que l'esprit ait certaines perceptions ou certaines sensations.

2. Par union de l'esprit & du corps, j'entens

j'entens une correſpondance mutuelle entre cèrtaines penſées de l'eſprit, & certains mouvemens du corps en conſéquence de quelques loix que Dieu a établies, & ſelon leſquelles il agit ordinairement.

3. Par loix de l'union de l'eſprit & du corps, j'entens les loix ſelon leſquelles Dieu fait que certains mouvemens du corps humain ſont ſuivis de certaines penſées; & les perceptions, volontez, ou autres modifications de l'eſprit, de certains mouvemens du corps.

4. Par ſens, j'entens l'eſprit qui reçoit certaines modifications à l'occaſion des mouvemens que les objets produiſent dans quelques parties du corps auquel il eſt uni, & qu'on appelle organes des ſens.

5. Par imagination, j'entens l'eſprit qui a certaines perceptions à l'ocaſion des mouvemens que les parties les plus ſubtiles du ſang, qu'on appelle eſprits animaux, produiſent dans quelque partie du cerveau, où il eſt reſté des traces de l'action des objets ſur les organes des ſens.

6. Par passions, j'entens l'esprit qui à l'occasion de certains mouvemens qui s'excitent dans le sang, est porté à desirer ou à fuir ce qu'il juge propre ou contraire à la conservation du corps auquel il est uni.

AVERTISSEMENT.

Comme il n'y a que l'experience qui m'apprend quelles sont les loix de l'union de l'esprit & du corps, je suis obligé de faire ici plusieurs suppositions, & de demander qu'on me les accorde. Je ne pense pas neanmoins en avoir fait aucunes qui ne soient certaines, parce qu'elles sont toutes confirmées par l'experience.

DEMANDES, OU SUPPOSITIONS.

1. Il y a un corps que je regarde comme m'appartenant particulierement, parce que certaines pensées de mon esprit me semblent être cause ou plûtôt occasion de quelques-uns de ses mouvemens, & que certains mouvemens de ce corps me semblent pro-

duire diverſes modifications dans mon eſprit.

2. L'eſprit n'eſt point uni immediatement à toutes les parties du corps, mais ſeulement à une certaine que je ne détermine pas; & cette partie principale quelle qu'elle ſoit, ne reçoit point de changement ſans qu'il en arrive dans l'eſprit.

3. Il n'eſt pas au pouvoir de l'eſprit d'empêcher que l'action des objets qui frappent les ſens ne ſe communique juſques à cette partie principale, à laquelle il eſt uni immediatement.

4. La partie principale du corps n'eſt jamais ébranlée d'une maniere agréable ou deſagréable, conforme ou contraire à la conſervation du corps, qu'il ne s'excite dans les eſprits animaux quelques mouvemens propres à tranſporter le corps vers l'objet qui le frappe ou à l'en ſeparer par la fuite.

5. Les objets ne frappent jamais la principale partie du corps à laquelle l'eſprit eſt uni immediatement, ſans y laiſſer des veſtiges de leur action qui ne s'effacent pas facilement, lorſque

cette partie a été remuée ſouvent ou fortement.

6. Les eſprits animaux ne rouvrent jamais les traces que les objets ont faits dans la partie principale du corps, ſans que les idées de ces objets ne ſe repreſentent à l'eſprit, & qu'il s'excite en lui les mêmes ſentimens dont il étoit touché à leur preſence.

7. Si l'action des objets a cauſé divers ébranlemens en même-tems dans la partie principale du corps, & qu'il en ſoit demeuré pluſieurs traces, les unes ne ſe rouvrent point ſans que les autres ne s'ouvrent auſſi en même-tems. Or ces traces differentes ne ſe rouvrant point ſans qu'il ſe preſente à l'eſprit les differentes idées qui y ſont attachées, ou naturellement, ou en conſequence de la volonté des hommes, & qu'il s'excite en lui divers ſentimens: La principale idée qui met l'eſprit en mouvement ne ſe reveille point ſans être ſuivie des idées de toutes les modifications acceſſoires qui y ont rapport.

8. Selon qu'un objet paroît bon ou mauvais à l'eſprit, propre ou contraire

à la conſervation du corps : l'eſprit a des ſentimens agréables ou deſagréables, dont les premiers le portent à s'y unir, & les autres à s'en ſeparer ; & le corps reçoit des mouvemens qui le diſpoſent à s'en approcher, ou à s'en éloigner.

PROPOSITION I.

L'étenduë modifiée, de quelque façon que ce ſoit, ne peut être cauſe veritable d'aucunes modifications de l'eſprit.

DEMONSTRATION.

Toutes les modifications dont l'étenduë eſt capable, ſe reduiſent à des rapport de diſtance permanens & ſucceſſifs. Par la Demande 1. de la Sect. 1.

Or, des rapports de diſtance permanens ou ſucceſſifs, ne peuvent produire aucunes des modifications de l'eſprit. Par les Propoſitions 7. & 8. de la Sect. 1.

Donc, l'étenduë modifiée de quelque façon que ce ſoit, ne peut être cauſe veritable d'aucunes modifications de l'eſprit.

CONSEQUENCE.

Les corps ne peuvent agir veritablement sur l'esprit.

DEMONSTRATION.

Par la Définition 10. Traité 1.

Tous les corps ne sont que l'étenduë, même diversement modifiée.

Par la Proposition précedente.

Or l'étenduë modifiée, de quelque façon que ce soit, ne peut produire aucunes modifications dans l'esprit.

Donc les corps ne peuvent agir sur l'esprit.

PROPOSITION II.

L'esprit ne peut agir veritablement sur le corps.

DEMONSTRATION.

On ne peut agir sur le corps, qu'en produisant en lui des rapports de distance permanens ou successifs ; car il n'est capable que de ces deux sortes de modifications.

Par la Consequence de la Proposition 19. du Traité 1.

Or, il n'y a que la volonté de Dieu qui puisse être cause veritable des rapports de distance permanens ou successifs de l'étenduë.

Donc, l'esprit ne peut agir sur le corps.

CONSEQUENCE I.

A parler exactement, l'esprit & le corps ne sont point unis ensemble.

DEMONSTRATION.

Deux substances distinguées réellement, ne peuvent être unies ensemble, si l'une n'agit sur l'autre, ou qu'elles ne se modifient reciproquement.

Or, l'esprit ne peut agir sur le corps ni le corps sur l'esprit. Par la Proposition 1. & sa Consequence & par la Proposition 2.

Donc, à parler exactement, l'esprit & le corps ne sont pas unis ensemble.

CONSEQUENCE II.

L'esprit n'est point dans le corps.

DEMONSTRATION.

Etre dans le corps, c'est avoir certains rapports de distance, avec quelques parties de l'étenduë.

Or, l'esprit n'est pas capable d'aucuns rapports de distance; les modifications de l'étenduë ne pouvant ja- Par l'Axiome 2. de la Sect. 1.

mais devenir des modifications de l'esprit.

Donc l'esprit n'est point dans le corps.

PROPOSITION III.

L'esprit n'est uni verirablement qu'à Dieu seul.

DEMONSTRATION.

L'esprit n'est uni veritablement qu'à ce qui est cause veritable de ses idées & de ses autres modifications.

Or, il n'y a que Dieu seul qui est cause veritable de ses idées & de ses modifications.

Par la Proposition 19. & ses Consequences Traité 1.

Donc, il n'est uni veritablement qu'à Dieu seul.

PROPOSITION IV.

Il y a un sens auquel on peut dire que l'esprit & le corps sont unis.

DEMONSTRATION.

A l'occasion de quelques mouvemens que reçoit un certain corps, l'esprit a certines pensées ; & reciproquement à l'occasion de certaines pensées d'un esprit, un corps a divers mouvemens.

Par la Demande 1.

Or, on peut appeller cela union de l'esprit & du corps. Par la 2. Definition.

Donc, il y a un sens auquel on peut dire que l'esprit & le corps sont unis.

PROPOSITION V.

Il n'y a point de cause veritable de l'union de l'esprit & du corps, que la volonté de Dieu.

DEMONSTRATION.

L'union de l'esprit & du corps ne consiste que dans une correspondance mutuelle entre certaines pensées de l'esprit & certains mouvemens du corps, en consequence des loix selon lesquelles Dieu agit ordinairement. Par la Definition 2.

Or, il n'y a que Dieu qui soit auteur des loix selon lesquelles il agit ordinairement, & des effets qui n'en sont que des suites. Par la Proposition 19. du 1. Traité.

Donc, il n'y a que Dieu seul qui est cause veritable de l'union de l'esprit & du corps.

PROPOSITION VI.

L'union de l'esprit avec le corps est constante & uniforme.

DEMONSTRATION.

Par la Définition 2. L'union de l'esprit & du corps ne consiste que dans une correspondance mutuelle de certaines penses de l'esprit avec certains mouvemens du corps, en consequence des loix que Dieu a établies.

Par les tions 5. & 6. Or, l'experience fait voir que cette correspondance est toûjours la même, & que les loix qu'il a établies pour l'entretenir sont toûjours les mêmes.

Donc, l'union de l'esprit avec le corps est constante & uniforme.

PROPOSITION VII.

L'union de l'esprit avec le corps est reciproque.

DEMONSTRATION.

Une union qui resulte d'une correspondance mutuelle est reciproque.

Par la Définition 2. Or, l'union de l'esprit avec le corps consiste dans une correspondance mutuelle de certaines pensées de l'esprit & des mouvemens du corps.

Donc, elle est reciproque.

PROPOSITION VIII.

L'union de l'esprit & du corps n'est pas libre, c'est-à-dire, qu'il ne dépend pas de l'esprit de demeurer uni au corps, ou de s'en separer.

DEMONSTRATION.

A l'occasion de certains mouvemens du corps, l'esprit est souvent malgré-lui touché de sentimens prévenans de plaisir ou de douleur. Par la Demande 3.

Or, la pluspart des mouvemens du corps ne dépendent pas des volontez de l'esprit, mais de l'action des objets qui frappent les organes des sens, & qui communiquent leur mouvement jusques à la principale partie du corps qui n'est jamais ébranlée sans que l'esprit reçoive quelques modifications. Par le Demandes 3. & 4.

Donc, l'union de l'ame & du corps n'est pas libre.

CONSEQUENCE.

L'esprit dépend souvent des mouvemens du corps, c'est-à-dire, que les mouvemens du corps sont souvent malgré-lui, causes occasionelles de ses modifications.

DEMONSTRATION.

L'esprit dépend de ce qui est cause occasionelle qu'il reçoit malgré lui diverses modifications.

Par la Proposition précedente. & par la Demande 3.

Or, les mouvemens du corps sont souvent causes occasionelles de diverses modifications que l'esprit reçoit malgré lui.

Donc, l'esprit dépend souvent des mouvemens du corps.

ECLAIRCISSEMENT.

Quand je dis que l'esprit dépend des mouvemens du corps, ce n'est pas que je pense que le corps puisse agir sur l'esprit ; car il me paroît évident qu'il n'y a que Dieu seul capable d'agir sur l'esprit, & de lui donner toutes les idées & tous les sentimens qu'il peut recevoir : de sorte qu'en ce sens on ne peut pas dire que l'esprit dépend du corps. Mais Dieu agissant d'une maniere constante & uniforme, il a établi les divers mouvemens du corps, causes occasionelles des idées & des sentimens que lui seul donne à l'esprit, qui produisant en lui indépendamment de ses volontez, diverses pensées & plusieurs sentimens agréables ou pénibles, on peut dire qu'il en dépend en quelque façon.

PROPOSITION IX.

L'esprit est uni à tout le corps.

DEMONSTRATION.

Il n'y a point de partie du corps dans laquelle il ne puisse arriver des mouvemens qui soient occasion à l'esprit de certaines pensées.

Or, l'esprit est uni au corps dés que les mouvemens du corps, lui sont occasion de certaines pensées. Par la Définition 2.

Donc, l'esprit est uni à tout le corps.

PROPOSITION X.

Quoique l'esprit soit uni à tout le corps, il l'est particulierement & immediatement à une partie principale du cerveau.

DEMONSTRATION.

L'esprit n'est uni au corps que parce que les mouvemens du corps lui sont occasion de certaines pensées. Par la Définition 2. & par la Proposition 4.

Par la Demande 5.

Or, si les mouvemens du corps ne se communiquent jusqu'à une certaine partie principale du cerveau, ils n'excitent aucunes pensées dans l'esprit ; & cette partie n'est jamais remuée sans que l'esprit reçoive certaines modifications.

Donc, encore que l'esprit soit uni à tout le corps, il l'est particulierement & immediatement à une partie principale du cerveau.

PROPOSITION XI.

L'esprit ne peut être uni au corps de la façon dont il l'est presentement, sans qu'il ait diverses sensations.

DEMONSTRATION.

Par la Définition 4.

L'esprit sent, lorsqu'il connoît à l'occasion de certains mouvemens que les objets produisent dans les organes des sens ; lorsque ces mouvemens se communiquent jusqu'à la partie principale du cerveau.

Par la Demande 5.

Or, il n'est pas au pouvoir de l'esprit d'empêcher que les objets ne frappent les organes des sens, & que leur action ne se communique jusques à cette partie principale à laquelle il est uni immediatement.

Donc, l'esprit ne peut être uni au corps sans qu'il ait diverses sensations.

ECLAIRCISSEMENT.

Dieu pouvant unir l'esprit au corps en diverses manieres, il a pû établir d'autres loix de leur union que celles dont il se sert maintenant pour la former, ou pour la conserver. Ainsi il a pû unir l'esprit au corps sans qu'il reçoive aucunes des sensations qu'il a presentement, à l'occasion des mouvemens que les autres corps produisent dans les parties de nôtre corps qu'on appelle organes des sens.

Il se pourroit faire aussi qu'il n'eût ni imagination ni passions. Je ne veux pas entrer dans un plus grand détail sur ce sujet, parce que je ne parle pas ici d'une union qui pourroit être formée de nouveau, mais de celle que nous éprouvons être presentement entre le corps & l'esprit.

PROPOSITION XII.

L'esprit ne peut être uni au corps

de la façon dont il l'eſt preſentement ſans qu'il imagine.

DEMONSTRATION.

Par la Demande 5. & la Définition 5.

Lorſque les objets qui ont frappé les ſens, enſorte que l'ébranlement qu'ils y ont cauſé, s'eſt communiqué juſques au cerveau où il eſt reſté des veſtiges de leur action, ces traces ne s'ouvrent jamais ſans que l'eſprit ſe repreſente ces mêmes objets.

Par les Demandes 3. & 6.

Or, l'eſprit ne peut empêcher que les eſprits animaux venant à rouvrir les traces que les objets ont faites dans la partie principale du cerveau, ces mêmes objets ne ſe repreſentent à lui, & par conſequent ſans qu'il imagine.

Donc, l'eſprit ne peut être uni au corps de la façon dont il l'eſt preſentement, ſans qu'il imagine.

PROPOSITION XIII.

Tandis que l'eſprit eſt uni au corps, il ne peut s'empêcher d'être touché de differentes paſſions.

DEMONSTRATION.

Selon qu'un objet paroît bon ou mauvais à l'esprit, propre ou contraire à la conservation du corps, il est touché de divers sentimens dont les uns le portent à s'unir à cet objet, d'autres à s'en separer.

Par la Demande 8.

Par la Demande 6.

Or, en consequence des loix de l'union de l'esprit & du corps, la partie principale du cerveau n'est jamais ébranlée d'une maniere agréable ou desagréable sans que l'esprit ait divers sentimens; & c'est ce qu'on appelle passions.

Par la Définition.

Donc, tandis que l'esprit est uni au corps, il ne peut s'empêcher d'être touché de differentes passions.

AVERTISSEMENT.

Quoique les Traitez suivants n'appartiennent pas à la Metaphysique, je me suis imaginé qu'on ne trouveroit pas étrange que je les donne au Publique sous le même Titre que les deux précedens ; car outre qu'ils ſont faits ſelon la même Méthode, & qu'ils contiennent pluſieurs véritez qui en dépendent ; c'eſt que les deux qui précedent ne ſuffiſans pas pour composer un petit Volume, j'ai crû pouvoir y ajoûter des choses qui y ont quelque rapport.

TROISIE'ME TRAITE'.

De la felicité de l'homme.

Définitions ou explications de termes.

1. PAR être heureux, j'entens avoir tout ce qu'on deſire.

2. Par vraïe felicité, bonheur ſolide, j'entens la poſſeſſion *inamiſſible,* s'il eſt permis de parler ainſi, de toutes les connoiſſances & de tous les ſentimens agréables dont l'homme eſt capable. Je ſuppoſe que ces ſentimens agréables banniſſent toute ſenſation pénible ou incommode.

3. Par ſouverain bien, j'entens la cauſe veritable de la felicité de l'homme.

ECLAIRCISSEMENT

ſur la Définition de la felicité.

Les termes de felicité, de bonheur, de ſouverain bien ſont équivoques, parce que tous les hommes ni attachent pas les mêmes idées. Ils veulent tous être ſolidement heureux, ou ce qui ſignifie la même choſe, poſſeder ce qu'ils regardent comme la vraïe felicité; mais peu conviennent en quoi elle conſiſte.

Les uns la mettent dans la jouïſſance des honneurs, des richeſſes & des plaiſirs; les autres dans l'indolence. Ceux-là dans la vertu; ceux-ci dans la poſſeſſion des biens de l'eſprit, du corps & de la fortune.

Il y en a qui vous diſent, voulez-vous être heureux? ne deſirez rien; d'autres, apprenez à borner vos deſirs, & à ne ſouhaiter que ce qui eſt en vôtre pouvoir.

Si vous en croïez les Stoïciens, ils

ſçavent le moïen de vous procurer un bonheur qui ſurpaſſe la felicité des Dieux mêmes : mais toutes les grandes & magnifiques promeſſes de ces Philoſophes, n'aboutiſſent qu'à vous repaître de phantômes agréables à des ames fieres & orgueilleuſes.

Les Epicuriens aprés s'être raillez des vains diſcours des Stoïques, ſemblent vous enſeigner une route plus naturelle & plus facile pour parvenir au bonheur.

La volupté, diſent-ils, eſt le ſeul & unique objet que tous les hommes cherchent avec empreſſement ; c'eſt le but où tendent tous leurs deſirs. Ce qui fait la difference entre les Philoſophes & le commun des hommes, c'eſt que le peuple court ſans reflexion & ſans diſcernement aprés le plaiſir; de ſorte qu'il prend ſouvent l'ombre pour le corps, & regarde comme vrai plaiſir, ce qui n'eſt qu'une trompeuſe volupté mêlée de mille chagrins. Mais le Sage uſe de ſa raiſon pour examinsr en quoi conſiſte la vraïe beatitude, & cherche les voies les plus ſeures & les plus courtes pour y parvenir.

Comme il connoît que la plûpart des plaisirs des sens sont accompagnez ou suivis de chagrins, il les fuit comme de vrais maux, content lorsqu'il peut conserver la tranquillité de son esprit, & éviter tout ce qui le fait souffrir.

Aristote & ses Disciples prétendent avoir rafiné sur les Stoïciens & les Epicuriens, en faisant consister la felicité dans la possession des biens de l'esprit, du corps & de la fortune.

Cette opinion semble avoir quelque chose de plus vrai-semblable que tout ce qu'enseignent les autres Philosophes, en ce qu'elle joint les perfections de l'esprit & du corps, avec la joüissance des plaisirs, & qu'elle admet même la vertu pour en moderer l'usage; mais avec tout cela, elle ne donne qu'une idée confuse & imparfaite du vrai bonheur. Car outre qu'elle n'explique pas clairement ce que c'est que la vertu, tous les biens qu'elle propose ne suffisent pas pour nous le procurer.

Car il est évident que nous ne pouvons être heureux que tous nos desirs ne ſoient ſatisfaits. Or, nous ne deſirons pas ſeulement de joüir des biens de l'eſprit, du corps & de la fortune pendant cette vie, mais nous ſouhaitons que la jouïſſance en ſoit immuable & éternelle : qualitez eſſentielles que les Peripateticiens ont oublié de renfermer dans la notion qu'ils nous donnent de la felicité.

Des Philoſophes modernes prétendent que les anciens ſe ſont tous trompez dans ce qu'ils nous ont dit de la felicité de l'homme.

Les Stoïciens pour avoir ſeparé du bonheur, le plaiſir, ſans lequel l'experience nous convainc qu'on ne peut être heureux.

Les Epicuriens pour n'avoir pas joint au plaiſir la vertu, ſans laquelle on ne peut être ſolidement heureux.

Les Diſciples d'Ariſtote pour avoir mis la beatitude dans la jouïſſance de tant de biens, qu'il n'eſt au pouvoir d'aucun homme de ſe les procurer.

Ainſi, ſelon ces Philoſophes, pour être heureux, il faut non-ſeulement joindre la vertu avec la volupté, mais il faut encore qu'il soit au pouvoir de tous les hommes de parvenir à la felicité qu'ils souhaitent tous necessairement. Or il n'y a, disent-ils, qu'un seul bien qui dépende de nous, c'est de faire de nôtre libre-arbitre tout le bon usage que nous pouvons. C'est cela seul qui fait la solide vertu, & qui est capable de produire dans l'ame un contentement si grand & si durable qu'il n'y a point de plaisir qui puisse lui être comparé.

Cette notion de la felicité me semble plus raisonnable que toutes celles que les anciens Philosophes nous ont données. Mais ce qui m'a empêché de m'en contenter, c'est qu'encore qu'il soit assez difficile pendant cette vie, de parvenir à un bonheur plus solide; on ne peut, ce me semble, soûtenir que ce soit là le souverain bien que nous desirons tous avec tant d'ardeur.

Car enfin, puisqu'on ne peut être parfaitement heureux que l'on ne possede tout ce qu'on souhaite; un homme qui fait le meilleur usage qu'il peut de sa liberté, a-t-il tout ce qu'il desire lorsqu'il souffre, je ne dis pas de cruelles douleurs, mais même les plus legeres; ou seulement lorsqu'il est privé des choses necessaires à la vie, dont il ne peut s'empêcher de desirer la conservations?

Il est donc constant que le bon usage de nôtre liberté ne suffit pas pour nous rendre heureux. C'est en vain que ces Philosophes, pour faire goûter leur sentiment, se servent de la comparaison d'un grand & d'un petit vase, & disent que comme le petit vase est aussi plein que le grand, quoi-qu'il ne contienne pas tant de liqueur, l'homme du monde le plus dépourvû de tous les biens de l'esprit, du corps & de la fortune, peut être aussi heureux que celui qui les possede tous, pourveu qu'il fasse tout le bon usage qu'il peut de sa liberté.

Car on leur répond, qu'outre que toutes les comparaisons ne prouvent rien lorsqu'il s'agit de raisonner exactement: il y a bien de la difference entre deux vases, à l'égard d'une liqueur, & les esprits des hommes à l'égard de la felicité.

Chaque vase ne pouvant contenir qu'une

qu'une certaine quantité de liqueur, un petit peut être aussi plein qu'un grand, quoi-qu'il renferme beaucoup moins de liqueur. Mais il n'en est pas de même des esprits, dont aucun ne peut être heureux que par la jouïssance d'un bonheur infini que tous desirent également. Or, des desirs si vastes ne peuvent être remplis par le bon usage que chacun peut faire de sa liberté.

Il ne depend de qui que ce soit d'aimer la douleur & de haïr le plaisir, & de ne pas souhaiter tout ce qui lui semble être un vrai bien. Ne vaut-il pas donc pas mieux reconnoître que nous desirons des biens infinis qu'il nous est impossible d'acquerir par nos propres forces, que de tromper les hommes par de fausses apparences de bonheur.

Quand nous nous imaginons pouvoir devenir heureux par la possession de quelque bien, le desir invincible que nous avons tous pour la félicité, nous détermine à faire tous nos efforts pour y parvenir. Nous nous laissons séduire par de vaines apparences, &

nous courons ſans ceſſe d'objet en objet, ce qui nous entretient dans une illuſion perpetuelle.

Que ſi nous étions bien perſuadez qu'il n'y a que Dieu ſeul qui puiſſe remplir tous nos deſirs, nous ne nous fatiguerions pas inutilement par de perpetuelles recherches d'un bien qu'il nous eſt impoſſible d'acquerir par nos propres forces.

Mais il y a lieu de croire que Dieu aimant les êtres qu'il a faits à proportion des rapports qu'ils ont avec ſes perfections, s'il y en a qui aient ſujet d'eſperer de lui le bonheur qu'ils deſirent, ce ſont ſans doute ceux qui font tout ce qui eſt en leur pouvoir pour devenir parfaits. De ſorte que tout ce que nous pouvons faire pour devenir heureux, c'eſt de donner toute nôtre application à nous rendre parfaits, & attendre de Dieu ſeul la felicité.

C'eſt ce qui a fait que ſans m'arrêter aux fauſſes idées qu'on donne ordinairement du bonheur, j'ai crû n'en pouvoir donner de définition plus exacte que de dire que c'eſt la poſſeſſion inamiſſible de toutes les connoiſſances, & de tous les ſentimens agréables dont les hommes ſont capables.

Car puiſqu'être heureux ſolidement c'eſt poſſeder tout ce qu'on deſire, enſorte qu'il ne nous puiſſe échaper; il me ſemble que tout ce que nous deſirons, pouvant être conçû ſous l'idée generale de connoiſſance & de plaiſir, on peut définir la beatitude, la poſſeſſion de toutes les connoiſſances & de tous les ſentimens agréables dont l'homme eſt capable.

J'ai ajoûté que cette poſſeſſion devoit être inamiſſible, parce que ſi elle pouvoit être ravie par quelqu'accident ou ôtée par quelque puiſſance malgré nous, le bonheur ne ſeroit pas ſolide.

Car, outre que la crainte ſeule de perdre ce qu'on deſire, ſuffit pour empêcher qu'on ne ſoit heureux parfaitement, une felicité de peu de durée, ou qui peut finir, ne peut être regardée comme la vraie beatitude. Car nous ne deſirons pas ſeulement d'être heureux pour un tems, mais de jouïr d'une felicité qui dure éternellement.

DEMANDES.

1. Il n'eſt pas au pouvoir de l'homme de ſe donner tous les ſentimens agréables qu'il deſire, ni d'éviter toutes les ſenſations pénibles.

L'experience ſuffit pour nous convaincre de la verité de cette demande.

2. L'eſprit a pluſieurs ſentimens agréables ou pénibles qui ne dependent ni de ſes connoiſſances ni de ſes volontez.

Par exemple, nous éprouvons ſouvent que lorſque nous reſpirons un air pur, ou que nous ſentons des odeurs agréables, nous avons ſans y faire reflexion & ſans le vouloir, une eſpece de joie ou de plaiſir; & que nous ſentons au contraire, du chagrin ou de la triſteſſe, lorſque ſans y penſer nous reſpirons un air trop épais ou corrompu.

3. Dieu ſeul peut agir ſur l'eſprit, & lui donner toutes les connoiſſances & tous les ſentimens agréables dont il eſt capable.

Cette demande eſt démontrée dans

le Traité de Dieu, Proposition 19.

4. L'homme ne desire pas seulement une felicité apparente ou passagere, mais solide & durable.

Le sentiment interieur que chacun de nous a de ce qui se passe en lui-même, suffit pour nous rendre certains de cette verité.

5. Il n'y a nulle proportion entre le fini & l'infini.

PROPOSITION I.

La vraie felicité de l'homme ne consiste ni dans l'assemblage des biens de l'esprit, du corps & de la fortune, ni dans la science, ni dans la vertu, ni dans la tranquillité d'un esprit qui sçait moderer ses desirs.

DEMONSTRATION.

Toutes ces choses, ou separées ou réünies ensemble, sont incapables de donner à l'homme toutes les connoissances & tous les sentimens agréables dont il est capable, & encore moins de lui en assurer la jouissance perpetuelle. Par la Demande 3.

Par la Définition 2. de ce Traité.

Or, la vraie felicité de l'homme consiste dans la possession inamissible de toutes les connoissances & de tous les sentimens agréables dont il est capable.

Donc, sa vraie felicité de l'homme ne consiste ni dans l'assemblage des biens de l'esprit, du corps & de la fortune, ni dans la science, ni dans la vertu, ni dans la tranquillité d'un esprit qui sçait moderer ses desirs.

ECLAIRCISSEMENT.

De la définition que je donne de la felicité, on en peut tirer des consequences qui détruiront toutes les fausses opinions des Philosophes, qui ont mis le bonheur de l'homme dans mille choses qui n'ont rien qui approche de l'idée que nous en devons avoir. Car enfin, puisqu'on ne peut être heureux si l'on ne possede tout ce qu'on desire, & que les hommes ne souhaitent pas seulement tels & tels biens, mais toutes les connoissances & tous les plaisirs dont ils sont capables, & qu'ils n'en desirent pas seulement une jouissance passagere & peu durable, mais perpetuelle, & qui ne finisse jamais : Il est indubitable qu'on ne peut donner une notion exacte de la vraie felicité de l'homme, si l'on n'y comprend tous les biens qu'il peut posseder, & qu'on ne marque qu'il doit être certain que la possession ne lui en sera jamais ravie.

Or, n'y ayant que Dieu seul qui puisse donner à l'homme la jouissance éternelle de toutes les connoissances & de tous les sentimens agréables dont il est capable ; il n'y a aucune des autres choses en quoi on a mis son bonheur, qui soit capable de le rendre solidement heureux.

Par la Demande 3.

PROPOSITION II.

Il ne depend pas de l'homme de se rendre heureux.

DEMONSTRATION.

L'homme ne peut se donner à lui-même plusieurs connoissances qui lui manquent, ni se procurer tous les sentimens agréables dont il est privé.

Par la Demande 1. de ce Traité, & par la Demande 4. du Traité de l'Esprit humain.

Par la Définition 1. Or, la felicité de l'homme consiste dans la jouïssance de toutes les connoissances & de tous les sentimens agréables dont il est capable.

Donc, il ne depend pas de l'homme de se rendre heureux.

PROPOSITION III.

Il n'y a que Dieu qui soit le souverain bien de l'homme.

DEMONSTRATION.

Par la Demande 3. Il n'y a que Dieu seul qui puisse donner à l'homme toutes les connoissances & tous les sentimens agréables dont il est capable, en quoi consiste la felicité.

Par la Définition 3. Or, le souverain bien de l'homme n'est autre chose que la cause veritable de sa felicité.

Donc, il n'y a que Dieu seul qui soit le souverain bien de l'homme.

CONSEQUENCE.

Nul homme ne peut par la raison seule, connoître certainement qu'il sera heureux aprés cette vie.

DEMONSTRATION.

Nul homme ne peut connoître certainement qu'il ſera heureux, s'il ne découvre dans l'idée qu'il a de Dieu, quelque choſe qui le détermine neceſſairement à vouloir le faire joüir de la felicité aprés cette vie, puiſqu'il n'y a que lui ſeul qui eſt la cauſe veritable de nôtre bonheur.

Par la Propoſi- précedente.

Or, Dieu ne pouvant avoir d'autre motif de ſes volontez que lui-même, on ne peut par la raiſon ſeule découvrir en lui aucune choſe qui le détermine neceſſairement à rendre l'homme heureux.

Par la Propoſition 12. du Traité de Dieu.

Donc, nul homme ne peut par la raiſon ſeule connoître certainement qu'il ſera heureux aprés cette vie.

CONSEQUENCE II.

Perſonne ne peut par lui-même meriter la vraie felicité.

DEMONSTRATION.

Perſonne ne peut par lui-même faire aucune choſe qui détermine Dieu à le faire joüir du bonheur, puiſqu'entre

Par la Demande 5.

le fini & l'infini il n'y a nulle proportion, & que Dieu étant independant, il n'y a rien hors de lui qui puisse le déterminer à faire quelque chose.

Par la Proposition précedente. Or, on ne peut meriter la vraie felicité qu'en déterminant Dieu à nous l'accorder.

Donc, personne ne peut par lui-même meriter la vraie felicité.

ECLAIRCISSEMENT.

On dira peut-être que la foi nous apprend que nous pouvons meriter nôtre bonheur. J'en conviens; mais ce que la foi nous enseigne sur ce sujet, ne combat point la Proposition que je viens d'établir.

Lorsque la foi nous apprend que nous pouvons par nos bonnes actions meriter nôtre bonheur; elle ne nous dit pas que ce soit par nous mêmes, mais seulement par Jesus-Christ, qui joignant le merite de ses actions aux nôtres en releve le prix; ce qui fait qu'elles ont avec l'infini une proportion qu'elles n'auroient pas d'elles-mêmes.

TRAITE' QUATRIEME.

De la Vertu philosophique, ou qu'on peut connoître par les seules lumieres de la raison.

SECTION I.

En quoi consiste la vertu.

DEFINITIONS.

1. PAR vertu Philosophique, j'entens toute perfection que l'homme peut acquerir par le bon usage de sa liberté.

2. Par vice, la privation de quelques-unes de ces perfections.

3. Par vertu Philosophique la plus parfaite, ou qui rend l'homme juste, j'entens toute la perfection à quoi il peut parvenir par le bon usage de sa liberté.

On est juste lorsqu'on estime & qu'on aime les choses à proportion de leur perfection. Or, un homme qui fait tout le bon usage qu'il peut de sa liberté connoît du moins autant qu'il en est capable, ce que les choses sont en elles-mêmes,

& n'en aime aucune qu'il ne voie clairement qu'elle contient quelques perfections qui meritent d'être aimées.

Au reste, quand je parle ici de la vertu que peut acquerir un homme, usant des seules lumieres de la raison; je suppose que les secours de la grace necessaire pour pratiquer cette vertu, ne lui manquent point, & que Dieu ne les refuse à personne.

ECLAIRCISSEMENT sur la définition de la vertu.

Pour peu que les hommes aient de raison ou de Religion, ils estiment beaucoup la vertu; aussi est-elle le principal & souvent l'unique sujet des livres & des discours de Morale.

Cependant le peu de soin qu'on prend de définir les termes les plus communs, est cause que le mot de *vertu* est encore aujourd'hui fort équivoque, & qu'on y attache des idées bien differentes.

Il y a peu de personnes qui ne se fassent des vertus conformes à leurs préjugez, ou à leurs interests, à leur humeur, ou à la profession qu'ils ont embrassée.

Les gens de guerre ne connoiſſent preſque point de vertu plus excellente que ce qu'ils appellent valeur & courage ; & les Politiques prennent pour la principale vertu ce qu'il leur plaît de nommer ſageſſe & prudence. L'ambitieux s'imagine que l'amour de la gloire eſt la vertu des grandes ames; le pareſſeux & le timide donnent à leur nonchalance & à leur timidité les beaux noms de modeſtie & d'humilité.

Un homme qui ſe ſentant beaucoup de feu & de vigueur ſe plaît dans l'agitation, eſtime comme vertus heroïques les entrepriſes les plus difficiles, & toutes les actions de Religion & de charité qui demandent beaucoup de mouvement.

Une imagination froide & dépourvûë d'eſprits, prefere le repos & la retraite aux actions de charité les plus éclatantes.

L'humeur ſombre ou bizarre qui fuit le commerce des hommes, & ne peut vivre en ſocieté, paſſe ſouvent pour mépris du monde & pour amour de la vie contemplative.

Enfin, ſans m'arréter à parcourir toutes les vertus humaines, qui ne ſont à proprement parler qu'un amour propre déguiſé ſous diverſes formes : on ne peut nier que la plûpart des auteurs qui ont traité de la Morale, n'aient preſque toûjours confondu la vraie vertu avec de ſimples devoirs, qu'on peut tous remplir ſans être ſolidement vertueux.

Cette erreur eſt neanmoins d'une tres-grande conſequence ; car, outre qu'elle empêche les hommes de connoître & d'aimer la veritable vertu, elle eſt cauſe que ceux mêmes qui la cherchent ſincerement prennent ſouvent pour elle-même un vain phantôme qui n'eſt que l'ouvrage de leur imagination, de leur humeur, ou de leurs préjugez.

D'ailleurs, bien des gens qui s'acquitent facilement par habitude, ou par temperamment de certains devoirs, paſſent pour être ſolidement vertueux, & s'imaginent l'être effectivement, quoique tout ce qu'ils font n'ait autre principe que l'amour d'eux-mêmes, ou la diſpoſition naturelle de leur ſang,

& des esprits qui l'animent.

Ainsi, avant que de parler de la vertu, il est de la derniere consequence d'expliquer ce qu'on entend par ce mot, & d'en donner une notion si claire que personne ne s'y puisse tromper.

Or, quand j'examine ce que c'est que la veritable vertu, j'entens celle qu'on peut connoître par les seules lumieres de la raison, je trouve que deux choses lui sont essentielles.

La premiere, c'est qu'elle soit une perfection qui merite nôtre estime : La seconde, c'est qu'il soit en nôtre pouvoir d'acquerir cette perfection. Sans la premiere condition, il n'y a point de vertu ; car, peut-on regarder comme vertu ce qui n'est point digne d'estime, ou avoir de l'estime pour ce qui n'est point parfait : & sans la seconde, elle ne peut être une vertu qui convienne aux hommes ; car s'il leur est impossible d'y parvenir, il leur est inutile de la desirer ni de la rechercher.

Or, ces deux qualitez étant les seules essentielles à la vraie vertu, c'est en donner une juste idée que de la définir, toute perfection que l'homme peut acquerir par le bon usage de sa liberté.

Il est vrai que si j'en demeurois là, je n'en donnerois qu'une idée generale & confuse qui pouroit faire naître bien des opinions differentes. Mais expliquant comme je fais, en quoi consiste cette perfection, je détermine cette idée, & je la rends si claire & si distincte, qu'il est difficile de la confondre avec quelqu'autre.

On ne peut, ce me semble, nier que la connoissance de la verité, & l'amour unique du souverain bien, en quoi je la mets, ne soient des perfections, & qu'il ne dépende de nous de les acquerir du moins jusqu'à un certain degré. Car nos desirs étant suivis ordinairement de la presence des idées, il ne tient qu'à nous de nous appliquer à les contempler, & d'en découvrir les differens rapports, & par consequent de connoître la verité.

De plus, le sentiment interieur que nous avons de ce qui se passe en nous même, nous apprend qu'il n'y a aucun bien particulier que nous ne puissions nous empêcher d'aimer, parce qu'il n'en eſt point à l'égard duquel il ne ſoit en nôtre pouvoir de ſuſpendre le jugement qui nous détermine à l'aimer.

Il ne depend donc que de nous de n'aimer uniquement que le ſouverain bien, ou la cauſe veritable de nôtre felicité qui eſt Dieu ſeul, & d'acquerir ainſi cette perfection qui conſiſte dans l'amour unique du ſouverain bien.

Pluſieurs perſonnes ſe perſuadent que pour être ſolidemment vertueux, il ſuffit d'aimer Dieu plus que toutes choſes, quoi-qu'on ne le connoiſſe que tres-imparfaitement, & qu'on neglige même d'en acquerir une connoiſſance plus parfaite ; mais il eſt, ce me ſemble, évident qu'on ne peut aimer Dieu veritablement lorſqu'on en en a de fauſſes idées.

Par exemple, un Payen qui ſe figure que Dieu eſt tout-puiſſant, mais cruel, injuſte, bizarre, ou touché de quelque folle paſſion, peut ſe ſentir enflammé d'amour pour ce phantôme, & il pourra même arriver qu'il lui ſacrifiera juſqu'à ſa propre vie.

Témoins ces Idolâtres du Pégu, qui

ſe couchent le long des chemins par où doit paſſer le Char qui porte leur fauſſe Divinité pour être écraſez par les roues.

Peut-on dire que ces gens, qui s'imaginent aimer Dieu plus qu'eux-mêmes, aient une vertu ſolide? On répondra ſans doute, que non; parce-qu'ils adorent une Idole, & que ce n'eſt pas au vrai Dieu qu'ils font le ſacrifice de leur vie.

Ainſi ce qui fait qu'on condamne une action qu'ils regardent comme une vertu heroïque, ce n'eſt pas leur intention, qui peut être tres-loüable; car ils peuvent avoir deſſein d'offrir leur vie à ce qu'ils regardent comme le vrai Dieu. Il n'y a donc que l'ignorance où ils ſont, qui fait que leur action qui en de certaines circonſtances pourroit être tres-vertueuſe, ſi elle étoit faite par des gens qui connuſſent le vrai Dieu, eſt une idolatrie déteſtable.

La ſeule difference que je trouve entre un Payen qui adore une Idole qui n'eſt que l'ouvrage de ſes mains, & un homme qui aïant une fauſſe idée de

Dieu adore un phantôme qui n'eſt que l'ouvrage de ſon imagination, c'eſt que l'idolatrie du premier eſt plus groſſiere & plus ſenſible ; mais celle de l'autre quoi-que moins viſible n'eſt pas moins réelle & moins veritable : car on n'eſt idolatre que lorſqu'on rend à de fauſſes Divinitez un culte qui n'appartient qu'au vrai Dieu. Or il eſt viſible que l'idée qu'un Mahometan ſe fait d'un Dieu tout-puiſſant, mais bizarre, injuſte, tranſporté de colere, de fureur, ou de jalouſie, eſt une fauſſe Divinité, puiſque le vrai Dieu non-ſeulement n'a aucun de ces defauts, mais poſſede toutes les perfections qui leur ſont oppoſées : & parconſequent ce Mahometan eſt auſſi veritablement idolatre que le payen.

Je ne penſe pas qu'on oſe ſoûtenir que ce monſtrueux aſſemblage de perfections & de defauts ſoit le vrai Dieu, qui étant l'Etre infiniment parfait, ne peut être conçû avec la plus legere imperfection.

Il eſt plus important qu'on ne penſe, de ne pas s'imaginer que pour être vertueux il ſuffit d'aimer tout ce qu'on regarde comme son Dieu : car on peut être idolatre sans s'en appercevoir, en rendant à une fiction de nôtre esprit les hommages qui ne sont dûs qu'à l'Etre infiniment parfait. La vraie vertu est incompatible avec l'ignorance du vrai Dieu. Pour aimer Dieu veritablement, il faut du moins autant que nous le pouvons, connoître ses perfections infinies, & ne lui attribuer aucuns defauts. Il n'est infiniment aimable que parce-qu'il est infiniment parfait.

DEMANDES.

1. La connoissance de la verité, & l'amour du vrai bien sont des perfections.

2. Il n'y a aucun bien particulier que nous ne puissions nous empêcher d'aimer.

3. Il y a plusieurs veritez qui nous sont inconnuës & que nous pouvons découvrir, en nous appliquant à contempler nos idées & leurs rapports, & les biens que nous aimons ne sont pas toûjours de vrais biens.

4. L'esprit ne peut sans beaucoup d'attention comparer ses idées entre

elles, & découvrir leurs rapports ; & à proportion qu'il est attentif à les considerer, il en découvre les rapports tant simples que composez.

5. Lorsque l'esprit est touché de quelques sentimens agréables ou pénibles, son attention est partagée ; & plus ils sont vifs, plus son attention est foible.

6. L'imagination & les passions sont occasion à l'esprit de recevoir diverses sensations agréables ou incommodes.

7. Le pouvoir que nous avons de ne point juger jusqu'à-ce que l'évidence nous y force, ne peut produire en nous d'autres perfections que de connoître la verité, & de n'aimer point ce qui n'a que l'apparence du bien, mais de suivre sans cesse le mouvement qui nous pousse invinciblement vers le vrai bien: *Car en suspendant nôtre jugement jusqu'à-ce que l'évidence, qui est le caractere de la verité nous détermine à juger, nous ne tomberons point dans l'erreur ; & parconsequent nous pourrons connoître la verité ; & n'étant point trompez par ce qui n'a que l'ap-*

parence du bien, nous n'aimerons que le bien que nous sommes déterminez invinciblement à aimer, qui n'est autre que le souverain bien.

L'experience & le sentiment interieur que chacun a de ce qui se passe en lui-même, rend toutes ces demandes incontestables.

PROPOSITION I.

L'homme peut par le bon usage de sa liberté acquerir des perfections qui lui manquent.

DEMONSTRATION.

Par la demande 1. & 3.

La connoissance de la verité, & l'amour unique du vrai bien, sont des perfections qui nous manquent quelquefois.

Par les Demandes 2. & 3. du Traité de l'esprit humain.

Or par le bon usage de nôtre liberté, nous pouvons connoître plusieurs veritez, & qui nous étoient inconnuës; & sans nous arrêter aux biens particuliers, suivre le mouvement qui nous pousse invinciblement vers le vrai bien.

Donc l'homme peut par le bon usage de sa liberté acquerir des perfections qui lui manquent.

CONSEQUENCE.

L'homme peut acquerir la vertu.

DEMONSTRATION.

La vertu n'est autre chose que toute perfection que l'homme peut acquerir par le bon usage qu'il fait de sa liberté. Par la Définition 1.

Or l'homme peut par le bon usage de sa liberté acquerir des perfections. Par la Proposition précedente.

Donc il peut acquerir la vertu.

ECLAIRCISSEMENT.

Quand je dis ici que l'homme peut acquerir la vertu par le bon usage qu'il fait de sa liberté, (je ne l'entens que de la vertu philosophique dont je parle ici;) car il est important qu'on fasse attention que dans tout ce Traité je ne raisonne qu'en Philosophe, qui laisse à la Theologie à parler des Mysteres & des veritez que nous ne sçavons que par la Foi.

PROPOSITION II.

Toute la perfection que l'homme

peut acquerir par le bon usage de sa liberté ne consiste qu'à connoître la verité, & à n'aimer que le vrai bien.

DEMONSTRATION.

Par la Proposition 6. du Traité de l'esprit humain.

L'esprit n'est libre que parce qu'il peut ne pas juger, lorsqu'il n'y est pas déterminé invinciblement par l'évidence.

Par la Demande 7.

Or le pouvoir que l'esprit a de suspendre son jugement ne peut lui être occasion d'acquerir d'autres perfections que la connoissance de la verité & l'amour unique du vrai bien.

Donc toute la perfection que l'homme peut acquerir par le bon usage de sa liberté, ne consiste qu'à connoître la verité & à n'aimer que le vrai bien.

CONSEQUENCE.

La vertu Philsophique la plus parfaite qui rend l'homme juste, ne consiste que dans toute la connoissance de la verité, & dans le seul & unique amour du vrai bien, que l'homme peut acquerir par le bon usage de sa liberté.

DEMONST.

DEMONSTRATION.

La vertu philoſophique la plus parfaite qui rend l'homme juſte, n'eſt autre choſe que toute la perfection que l'homme peut acquerir par le bon uſage de ſa liberté.

Or toute la perfection que l'homme peut acquerir par bon uſage de ſa liberté, ne conſiſte que dans la connoiſſance de la verité, & dans le ſeul & unique amour du vrai bien.

Par la Propoſition précedente.

Donc la vertu Philoſophique la plus parfaite ne conſiſte que dans la connoiſſance de la vérité & dans le ſeul & unique amour du vrai bien.

CONSEQUENCE II.

La vertu la plus parfaite qu'on peut connoître par les ſeules lumieres de la raiſon, ne conſiſte qu'à connoître Dieu, & à l'aimer uniquement.

DEMONSTRATION.

Toutes les veritez ſont en Dieu, & il n'y a que lui ſeul qui ſoit le vrai bien de l'homme.

Par la Conſequence 2. de la Propoſition 8. du Traité de Dieu.

Or la vertu la plus parfaite qu'on peut connoître par les ſeules lumieres de la raiſon, ne conſiſte que dans toute la

Par la Demande 3. connoiſſance de la verité, & dans le ſeul & unique amour du vrai bien, à quoi nous pouvons parvenir par le bon uſage de nôtre liberté.

Par la Conſequence précedente. Donc la vertu la plus parfaite qu'on peut connoître par les ſeules lumieres de la raiſon, ne conſiſte qu'à connoître Dieu, & à l'aimer uniquement.

CONSEQUENCE III.

Le vice n'eſt que l'ignorance de la verité, & l'amour de ce qui n'a que l'apparence du bien.

DEMONSTRATION.

Par la Definition 2. Le vice n'eſt que la privation de la vertu.

Par la Propoſition 2. Or la vertu ne conſiſte que dans la connoiſſance de la verité, & dans le ſeul & unique amour du vrai bien.

Donc le vice n'eſt que l'ignorance de la verité, & l'amour de ce qui n'a que l'apparence du bien.

CONSEQUENCE IV.

Tout vice ne vient que de ce qu'on ne connoît pas Dieu, ou qu'on ne l'aime pas uniquement.

DEMONSTRATION.

Tout vice n'eſt que la privation de la vertu. Par la définition 2.

Or toute la vertu ne conſiſte qu'à connoître Dieu, & à l'aimer uniquement. Par la Conſequence 2.

Donc tout vice ne vient que de ce qu'on ne connoît pas Dieu, ou qu'on ne l'aime pas uniquement.

SECTION II.

Des choſes qui peuvent nous diſpoſer à la vertu, ou nous en éloigner.

PROPOSITION I.

L'eſprit ne peut ſans une forte & preſque continuelle attention acquerir la vertu.

DEMONSTRATION.

L'homme ne peut devenir vertueux s'il ne fait tout ce qui eſt en ſon pouvoir pour connoître la verité, & pour n'aimer que le vrai bien. Par la définition 1.

Or l'homme ne peut ſans une forte & preſque continuelle attention de l'eſprit, faire tout ce qui dépend de Par les Demandes 3. & 4.

lui pour connoître la verité, & pour n'aimer que le vrai bien.

Donc l'eſprit ne peut ſans une forte & preſque continuelle attention acquerir la vertu.

Consequence I.

Tout ce qui occupe ou qui partage l'eſprit, l'éloigne de la vertu.

Demonstration.

Tout ce qui occupe ou qui partage l'eſprit diminuë ou interrompt ſon attention.

Par la Propoſition précedente.

Or tout ce qui diminuë ou interrompt l'attention de l'eſprit, l'éloigne de la vertu, puiſqu'il ne peut l'acquerir ſans une attention forte & preſque continuelle.

Donc tout ce qui occupe ou qui partage l'eſprit, l'éloigne de la vertu.

Consequence II.

On ne peut devenir ſolidement vertueux, ſi l'on n'a ſoin d'éviter toutes ſenſations trop vives, ſoit agréables, ſoit pénibles.

DEMONSTRATION.

Toutes ſenſations trop vives, ſoit agréables ſoit pénibles, occupent ou du moins partagent l'eſprit. Par la Demande 5.

Or tout ce qui occupe ou qui partage l'eſprit eſt un obſtacle à la vertu. Par la Conſequence precedente.

Donc on ne peut devenir ſolidement vertueux, ſi l'on n'a ſoin d'éviter toutes ſenſations trop vives, ſoit agréables, ſoit pénibles.

CONSEQUENCE III.

Il faut fuïr autant qu'on le peut les objets qui frappent nos ſens.

DEMONSTRATION.

Tout ce qui excite des ſenſations trop vives doit être évité.

Or les objets qui frappent nos ſens excitent ſouvent des ſenſations trop vives.

Donc il faut fuïr autant qu'on le peut les objets qui frappent nos ſens.

CONSEQUENCE IV.

Plus l'imagination eſt vive & étenduë, plus elle nous empêche d'acquerir la vertu.

DEMONSTRATION.

Par les Demandes 5. & 6. Plus l'imagination a de vivacité & d'étenduë, plus elle occupe, ou partage l'attention de l'esprit.

Par la proposition précedente. Or plus l'attention de l'esprit est occupée ou partagée, plus il lui est difficile d'acquerir la vertu; *puisqu'il ne le peut faire sans une forte & presque continuelle attention.*

Donc plus l'imagination est vive & étenduë plus elle nous empêche d'acquerir la vertu.

CONSEQUENCE V.

Il ne faut ni cultiver, ni instruire l'imagination.

DEMONSTRATION.

Lorsqu'on cultive, ou qu'on instruit l'imagination, on augmente sa vivacité & son étenduë.

Par la Consequence 4. Or plus elle a de vivacité & d'étenduë, plus elle forme d'obstacles à la vertu.

Donc il ne faut ni cultiver, ni instruire l'imagination.

CONSEQUENCE VI.

Il faut faire le moins qu'on peut uſage de ſon imagination.

DEMONSTRATION.

On ne peut faire uſage de ſon imagination ſans la cultiver ou l'inſtruire.

Or il ne faut ni cultiver, ni inſtruire ſon imagination. Par la Conſequence 5.

Donc il faut faire le moins qu'on peut uſage de ſon imagination.

CONSEQUENCE VII.

On ne doit eſtimer ni en ſoi-même ni dans les autres hommes, la vivacité & l'étenduë de l'imagination.

DEMONSTRATION.

Il ne faut eſtimer ni en ſoi-même ni dans les autres hommes, ce qui fait qu'il nous eſt plus difficile de parvenir à la vertu.

Or la vivacité & l'étenduë de l'imagination, font qu'il nous eſt plus difficile de parvenir à la vertu. Par la Conſequence 4.

Donc on ne doit eſtimer ni en ſoi-même ni dans les autres hommes la vivacité & l'étenduë de l'imagination.

CONSEQUENCE VIII.

Il faut négliger & mépriser ce qu'on appelle ordinairement *beauté d'esprit*.

DEMONSTRATION.

Ce qu'on appelle ordinairement beauté d'esprit n'est autre chose que la vivacité & l'étenduë de l'imagination.

Par les Conse-quences 5, & 6. Or, il faut négliger & mépriser la vivacité & l'étenduë de l'imagination.

Donc il faut négliger & mépriser ce qu'on appelle ordinairement beauté d'esprit.

CONSEQUENCE IX.

Il est d'une dangereuse consequence d'estimer ou de loüer ce qu'on appelle ordinairement *beauté d'esprit*.

DEMONSTRATION.

Il est d'une dangereuse consequence d'estimer ou de loüer ce qui rend la vertu plus difficile à acquerir ou à pratiquer.

Par la Conse-quence 7. Or, ce qu'on appelle ordinairement *beauté d'esprit*, est cause qu'il est plus difficile de parvenir à la vertu & de la pratiquer.

Donc il eſt d'une dangereuſe conſequence d'eſtimer ou de loüer ce qu'on appelle ordinairement *beauté d'eſprit.*

CONSEQUENCE X.

Les paſſions ſont de grands obſtacles à la vertu.

DEMONSTRATION.

Les paſſions occupent ſouvent entierement l'eſprit, ou du moins le partagent preſque toûjours. Par la Demande 6.

Or, tout ce qui occupe ou qui partage l'eſprit, eſt un grand obſtacle à la vertu. Par la Conſequence I.

Donc les paſſions ſont de grands obſtacles à la vertu.

CONSEQUENCE XI.

Plus les paſſions ſont violentes, plus elles nous détournent de la vertu, & nous empêchent de la pratiquer.

DEMONSTRATION.

Plus les paſſions ſont violentes, plus elles occupent ou partagent l'eſprit. Par la Demande 6.

Par la Proposition 1. de cette section & sa Consequence 3.

Or, plus l'esprit est occupé ou partagé, plus son attention étant foible & interrompuë, il lui est difficile d'acquerir la vertu ou de la pratiquer.

Donc plus les passions sont violentes plus elles nous détournent de la vertu, & nous empêchent de la pratiquer.

CONSEQUENCE XII.

On ne peut acquerir ni pratiquer la vertu si l'on ne bannit ses passions, ou du moins si l'on ne s'accoûtume à les vaincre.

DEMONSTRATION.

On ne peut ni acquerir ni pratiquer la vertu, si l'on n'évite tout ce qui partage ou qui occupe l'esprit.

Par la Demande 6.

Or, les passions partagent ou occupent l'esprit, lorsqu'on ne les bannit pas ; ou qu'on ne s'accoûtume à les vaincre.

Donc on ne peut acquerir ni pratiquer la vertu, si l'on ne bannit les passions, ou si l'on ne s'accoûtume à les vaincre.

CONSEQUENCE XIII.

Il faut éviter avec ſoin tous les objets qui excitent les paſſions.

DEMONSTRATION.

Il faut éviter avec ſoin tout ce qui nous eſt occaſion de ſentimens qui nous empêchent d'acquerir ou de pratiquer la vertu.

Or les objets qui excitent les paſſions nous ſont occaſion de ſentimens qui nous empêchent d'acquerir & de pratiquer la vertu. Par la Conſequence II.

Donc il faut éviter avec ſoin tous les objets qui excitent les paſſions.

CONSEQUENCE XIV.

L'application de l'eſprit à pluſieurs choſes exterieures & differentes, qu'on appelle ordinairement diſſipation d'eſprit, eſt fort oppoſée à la vertu.

DEMONSTRATION.

Plus l'attention de l'eſprit eſt partagée, plus il eſt difficile d'acquerir & de pratiquer la vertu. Par la Conſequence I. de la Propoſition I.

Or l'application de l'eſprit à pluſieurs choſes exterieures & differentes, partage beaucoup ſon attention.

Donc l'application d'eſprit à pluſieurs choſes, eſt fort oppoſée à la vertu.

CONSEQUENCE XV.

Rien n'eſt plus utile pour acquerir & pour pratiquer la vertu, que de rentrer en ſoi-même le plus ſouvent qu'on peut.

DEMONSTRATION.

Par la Propoſition 1. Rien n'eſt plus propre pour acquerir & pour pratiquer la vertu, que ce qui peut rendre ſon attention plus forte & moins interrompuë, *puiſqu'il ne peut ſans une attention forte & preſque continuelle, acquerir ni pratiquer la vertu.*

Par la Conſequence 14. Or, rien n'eſt plus capable de rendre nôtre attention plus forte & moins interrompuë, que de rentrer en nous-même le plus ſouvent que nous pouvons.

Donc, rien n'eſt plus utile pour acquerir & pour pratiquer la vertu, que de rentrer en soi-même le pus souvent qu'on peut.

CONSEQUENCE XVI.

Il est fort difficile d'acquerir & de pratiquer la vertu, si l'on ne s'accoûtume à contempler souvent les idées purement spirituelles, & à en découvrir les rapports, & les rapports de rapports.

DEMONSTRATION.

Il est difficile d'acquerir & de pratiquer la vertu, si l'on ne se rend capable d'une forte attention. Par la Proposition 1.

Or, il est rare qu'on soit capable d'une forte attention, si l'on ne s'accoûtume à contempler souvent les idées purement spirituelles, & à en découvrir les rapports, & les rapports de rapports. Par la Demande 6.

Donc, il est fort difficile d'acquerir & de pratiquer la vertu, si l'on ne s'accoûtume à contempler souvent les idées purement spirituelles, & à en découvrir les rapports.

PROPOSITION III.

On ne peut acquerir ni pratiquer

la vertu, ſi l'on ne prend une ferme reſolution de ne point juger juſques à ce qu'on y ſoit déterminé par l'évidence.

DEMONSTRATION.

Par la Conſequence 2. de la Propoſition 4. de la Section 1.

On ne peut acquerir ni pratiquer la vertu, ſi l'on ne connoît la verité, & qu'on n'aime uniquement le vrai bien.

Par les Propoſitions 7. & 8. de la Sect. 2. du Traité de l'eſprit humain.

Or, il eſt impoſſible de connoître la verité, & d'aimer uniquement le vrai bien, ſi l'on ne ſçait ſuſpendre ſon jugement, juſques à ce que l'évidence nous détermine à juger; car, lorſqu'on juge ſans voir évidemment, on prend ſouvent un rapport imaginaire pour réel, & le faux bien pour le vrai.

Donc, on ne peut acquerir ni pratiquer la vertu, ſi l'on ne prend une ferme reſolution de ne point juger juſques à ce qu'on y ſoit déterminé par l'évidence.

CONSEQUENCE I.

La promtitude à juger nous empêche ſouvent d'acquerir & de pratiquer la vertu.

DEMONSTRATION.

La promtitude à juger est cause que sans attendre qu'on voie évidemment, on forme de faux jugemens.

Or, on ne peut acquerir ni pratiquer la vertu, si l'on ne s'abstient de juger, jusques à ce que l'évidence détermine à le faire.

Par la Proposiétió precedente.

Donc, la promtitude à juger empêche souvent d'acquerir & de pratiquer la vertu.

CONSEQUENCE II.

La précipitation de nos jugemens est la source la plus ordinaire du vice.

DEMONSTRATION.

Ce qui nous jette souvent dans l'erreur, ou qui nous détournant du souverain bien, fait que nous nous arrétons aux biens particuliers, est la source la plus ordinaire du vice.

Par la Conse-quence 3. de la Proposition 2.

Or, la precipitation de nos jugemens nous jette souvent dans l'erreur, & nous determine à quitter le souverain bien pour nous arrêter aux biens particuliers.

Par les Propositions 7. & 8. de la Sect. 2. du Traité de l'esprit humain.

Donc, la précipitation de nos jugemens, eſt la ſource la plus ordinaire du vice.

ECLAIRCISSEMENT.

Si les hommes ne precipitoient jamais leurs jugemens, c'eſt-à-dire, s'ils ne jugeoient jamais avant que de voir évidemment, ils ne tomberoient jamais dans l'erreur; car on ne ſe trompe que parce qu'on s'imagine voir évidemment un rapport qui n'a rien de réel, ce qui n'arrive jamais lorſqu'on ne precipite point ſon jugement, c'eſt-à-dire, lorſqu'il n'eſt formé que par la ſeule évidence.

Il en eſt de même à l'égard de l'amour que nous avons pour les faux biens; car n'aimant naturellement que ce que nous regardons comme un vrai bien, il eſt indubitable que nous n'aimons les faux biens, que parce que nous les prenons pour des biens veritables. Erreur qui ne vient encore que faute de ſuſpendre le conſentement de nôtre volonté, juſques à ce que l'évidence nous détermine de le donner; & d'examiner ſi ce qui nous paroît un bien l'eſt effectivement.

TRAITE' CINQUIE'ME.

Des devoirs de l'homme envers Dieu.

L'ESPRIT humain se sent poussé si fortement vers le souverain bien, qu'il n'est pas en son pouvoir de ne le pas souhaiter ; & voïant qu'il a divers rapports avec plusieurs objets, qui lui semblent propres pour l'en approcher ou pour l'en éloigner : l'amour naturel qu'il a pour soi-même, le détermine à examiner, en quoi ils peuvent contribuer à le conduire au bonheur qu'il cherche, ou à l'en détourner.

Or, selon les divers jugemens qu'il forme, il s'excite en lui des mouvemens & des sentimens bien differens, dont les uns le portent à vouloir s'unir à ces objets, d'autres à s'en separer.

Comme il est évident qu'entre tous ces objets, il n'en est point avec qui il ait tant de rapports qu'avec Dieu, & qu'étant tout-puissant, il peut le rendre heureux ou miserable, il n'y en a aucun qu'il ait plus d'interest de connoître ; & par consequent il est obligé de s'appliquer principalement à découvrir les rapports qu'il peut avoir avec lui.

Or, ces rapports ne se peuvent découvrir sans qu'il forme des jugemens, & ces jugemens sont suivis necessairement de divers mouvemens de la volonté ; de sorte que tous les devoirs de l'esprit envers Dieu, ne consistent que dans des jugemens & des mouvemens.

Pour connoître donc nos devoirs envers Dieu, il ne faut qu'examiner les jugemens que l'esprit doit former de lui, & les mouvemens de nôtre volonté qui doivent les suivre.

Je ne repete pas ici tous les jugemens qu'on doit porter de l'être infiniment parfait, parce que j'ai crû qu'il suffiroit de mettre ici comme des suppositions, ceux qui doivent exciter en nous des mouvemens.

DEFINITIONS.

1. Par devoirs de l'homme envers

Dieu, j'entens les divers jugemens que l'homme doit former de Dieu & de ſes perfections, & les mouvemens ou ſentimens qu'ils doivent exciter dans nôtre ame.

Je ne parle point ici des devoirs exterieurs par leſquels nous ſommes obligez de faire connoître aux hommes avec qui nous vivons, les jugemens que nous portons de Dieu & de ſes perfections infinies, & les mouvemens qu'ils ont produit en nous.

Car n'aïant pas encore examiné ſi l'homme eſt fait pour vivre en ſocieté, ce ſeroit renverſer l'ordre que je me ſuis preſcrit, que de parler maintenant des devoirs à quoi elle engage.

2. Par amour, je n'entens ici que le mouvement de l'eſprit, par lequel il ſe porte à s'unir avec tout ce qu'il juge être ſon vrai bien ou cauſe de ſon bonheur; ou l'eſtime qu'il conçoit pour tout ce qui eſt parfait, à proportion des perfections qu'il y découvre; quoi-qu'à parler exactement, le mot d'amour ne doive être pris que dans le premier ſens.

Je ſçai que le mot d'aimer a encore un

autre ſens parce qu'il ſignifie vouloir du bien à quelqu'un ; mais comme en ce ſens il ne peut avoir nulle application à Dieu, je n'en parle point ici.

3. Par crainte, j'entens le jugement que nous faiſons, que quelque objet eſt capable de nous faire du mal ou de nous rendre malheureux.

Ce jugement eſt ſuivi ordinairement d'une eſpece de mouvement de l'eſprit qui le porte à fuir le mal qu'il apprehende, ou à tâcher de l'éviter lorſqu'il juge que cela eſt poſſible.

4. Par admiration, j'entens une émotion de l'eſprit, cauſée par la connoiſſance d'un objet qui renferme des perfections qui lui ſont inconnuës.

5. Par eſtime, j'entens tous les jugemens que nous faiſons, que ce qui eſt l'objet de nôtre connoiſſance renferme quelques perfections.

6. Par joie, j'entens un ſentiment agréable qui ſe produit dans nôtre ame, lorſqu'elle eſpere ou qu'elle croit joüir de quelque bien, ou éviter quelque mal.

Je diſtingue la joie d'avec le plaiſir, parce que ſouvent le plaiſir precede la connoiſſance, au lieu que la joie la ſuit toûjours.

7. Par triſteſſe, j'entens un ſentiment de chagrin qui naît dans l'ame, lorſqu'elle ſe voit privée de quelque bien qu'elle deſire.

Je ne définis point ici le plaiſir & la douleur, parce qu'outre que ces termes ne ſont pas équivoques, chacun ſçait mieux par experience, ce que c'eſt que plaiſir & douleur, qu'on ne peut le lui expliquer par les définitions les plus claires.

Je ne définis les termes qui precedent, que parce que j'ai connu que dans l'uſage ordinaire, ils ne ſont pas exempts d'équivoques.

SECTION I.

Des devoirs de l'homme envers Dieu, conſideré comme être infiniment parfait.

PROPOSITION I.

Dieu merite une admiration infinie.

DEMONSTRATION.

Plus un objet renferme de perfections incomprehensibles à l'esprit humain, plus il merite d'admiration.

Par la Définition 4.

Or, Dieu renferme une infinité de perfections incomprehensibles à l'esprit humain, puisqu'il est l'être infiniment parfait, & que l'esprit humain n'est pas infini.

Par la Définition 1. du Traité de Dieu, & par la Proposition 3. de la Section 1. du Traité de l'esprit humain.

Donc, il merite une admiration infinie.

CONSEQUENCE.

Il faut donner à Dieu toute nôtre admiration.

DEMONSTRATION.

Dieu meritant une admiration infinie, nous lui devrions toute la nôtre, quand même elle seroit infinie.

Par la Proposition 3. de la Section 1. du Traité de l'esprit humain.

Or, elle n'est pas infinie, puisque nôtre esprit est borné.

Donc, il faut donner à Dieu toute nôtre admiration.

PROPOSITION II.

Dieu merite une estime infinie.

DEMONSTRATION.

Il faut estimer les choses à proportion du nombre & de l'excellence des perfections qu'elles renferment. *Par la Définition 5.*

Or, Dieu renferme une infinité de perfections infiniment excellentes. *Par la Définition 1. du Traité de Dieu.*

Donc, Dieu merite une estime infinie.

CONSEQUENCE.

Nous devons nous appliquer, autant qu'il nous est possible, à connoître Dieu, & ses perfections infinies.

DEMONSTRATION.

Nous devons nous appliquer, autant qu'il nous est possible, à connoître les objets les plus dignes de nôtre estime & de nôtre admiration.

Or, il n'y a point d'objet plus digne de nôtre estime & de nôtre admiration que Dieu, puisqu'il merite une estime & une admiration infinie. *Par les Propositions 1. & 2.*

Donc, nous devons nous appliquer, autant qu'il nous est possible, à connoître Dieu & ses perfections infinies.

PROPOSITION III.

Il ne faut attribuer à Dieu aucunes

qualitez qui aient quelque chose de fini ou d'imparfait.

DEMONSTRATION.

Par l'Axiome 3. du Traité de Dieu.

Il ne faut attribuer à aucun être, que ce qu'on voit renfermé necessairement dans l'idée qui nous le represente.

Par la Définition 1.

Or, l'idée de l'être infiniment parfait, ne renferme aucunes qualitez finies ni imparfaites.

Donc, il ne faut attribuer à Dieu aucunes qualitez qui aient quelque chose de fini & d'imparfait.

CONSEQUENCE I.

On ne doit attribuer à Dieu aucunes qualitez ni passions humaines.

DEMONSTRATION.

Par la Proposition 3. du Traité de l'espr. humain.

Toutes qualitez & toutes passions humaines, ont quelque chose de fini & d'imparfait, puisque l'esprit humain n'est pas infini ni parfait.

Par la Proposition précedente.

Or, on ne doit attribuer à Dieu aucunes qualitez qui aient quelque chose de fini & d'imparfait.

Donc, on ne doit attribuer à Dieu aucunes passions humaines.

CONSEQ-

CONSEQUENCE II.

Il n'y a nul rapport, ni nulle proportion entre les perfections de l'esprit humain & les perfections divines.

DEMONSTRATION.

Entre le fini & l'infini il n'y a nul rapport ni nulle proportion.

Par la Demande 5. du Traité de la vertu.

Or, toutes les perfections de l'esprit humain sont finies, & toutes les perfections de Dieu n'ont rien que d'infini.

Par la Définition 1. du Traité de Dieu, & par la proposition de la Sect. du Traité de l'esprit humain.

Donc il n'y a nul rapport ni nulle proportion entre les perfections de l'esprit humain & les perfections de Dieu.

CONSEQUENCE III.

C'est une folle présomption que de nous imaginer pouvoir par nous-mêmes rendre quelque honneur à Dieu, ou faire quelque chose qui lui plaise.

DEMONSTRATION.

C'est une folle presomption que de croire qu'il y a quelque rapport & quelque proportion entre Dieu & l'es-

Par la consequence 2.

I

prit humain, puiſqu'il n'y en a aucune.

Or ſi nous pouvions de nous-mêmes rendre quelque honneur à Dieu, ou faire quelque choſe qui lui fût agreable, il y auroit entre Dieu & l'eſprit humain quelque rapport ou quelque proportion.

Donc c'eſt une folle preſomption que de nous imaginer pouvoir par nous-même rendre quelque honneur à Dieu, & faire quelque choſe qui lui plaiſe.

ECLAIRCISSEMENT.

Quand je dis que nous ne pouvons par nous-mêmes rendre à Dieu aucun culte digne de lui, ou qui lui ſoit agreable, je regarde les hommes en eux-mêmes, & ſans JESUS-CHRIST, par lequel la Foi m'apprend que nos bonnes actions ſont agreables à Dieu, & meritent les vrais biens.

CONSEQUENCE IV.

Tout l'Univers doit être compté pour rien, par rapport à Dieu.

DEMONSTRATION.

Tout l'Univers est ou fini, ou tout au plus infini d'une certaine façon seulement, comme en étenduë & en pensées.

Or, il n'y a nulle proportion entre le fini & l'infini, ni même entre l'infini de certaines façons seulement, & l'infini en toutes manieres.

Par la Demande 1.

Donc tout l'Univers doit être compté pour rien par rapport à Dieu.

AUTRE DEMONSTRATION.

C'est une folle présomption, que de s'imaginer pouvoir faire quelque honneur ou quelque plaisir à un Etre à qui il ne manque rien.

Or l'Etre infiniment parfait se suffisant pleinement à lui-même, il ne lui manque rien.

Par la Proposition 4. du Traité de Dieu.

Donc, c'est une folle présomption que de s'imaginer pouvoir rendre quelque honneur à Dieu, ou faire quelque chose qui lui plaise.

SECTION II.

Des devoirs de l'homme envers quelques perfections divines en particulier.

DEMANDES.

1. Dieu eſt tout-puiſſant.

2. Dieu eſt Auteur de tous les Etres & de toutes leurs modifications.

3. Dieu ſeul comme cauſe veritable, fait tout ce qu'il y a de réel dans l'Univers.

4. Il n'y a que Dieu qui puiſſe par ſon efficace propre, nous faire du bien ou du mal, nous rendre heureux ou malheureux.

Ces quatre Propoſitions aïant été démontrées ailleurs, je les ſuppoſe comme inconteſtables.

PROPOSITION I.

Nous devons aimer Dieu de toutes nos forces; c'eſt-à-dire, autant que nous en ſommes capables.

DEMONSTRATION.

Par la prop. du Traité de l'eſprit humain.

Nous devons aimer de toutes nos forces nôtre vrai bien, ou ce qui peut nous rendre ſolidement heureux.

Or, Dieu eſt nôtre vrai bien, & peut nous rendre ſolidement heureux.

Par la prop. 4. du Traité de la felicité.

Donc, nous devons l'aimer de toutes nos forces.

PROPOSITION II.

Il ne faut aimer que Dieu ſeul.

DEMONSTRATION.

Il ne faut aimer que la cauſe veritable de nôtre vrai bien ou de nôtre felicité, puiſque nôtre amour n'eſt qu'un mouvement de l'eſprit vers ce qu'il juge être ſon vrai bien, ou la cauſe de ſon bonheur.

Par la prop. 5. du Traité de l'eſprit humain.

Or, il n'y a que Dieu ſeul qui ſoit le vrai bien de l'homme, & la cauſe veritable de ſon bonheur.

Par la Demande 4.

Donc il ne faut aimer que Dieu ſeul.

ECLAIRCISSEMENT.

Quand je dis qu'il ne faut aimer que Dieu ſeul, je prens le mot d'aimer dans le premier des ſens que je lui donne par la ſeconde Définition. Or il eſt évident que Dieu étant ſeul la cauſe veritable de nôtre bonheur, tout le mouvement qui nous porte invinciblement à vouloir être heureux, ne doit tendre que vers lui; & parconsequent il doit être l'unique objet de nôtre amour.

Que si nous aimons quelqu'autre chose que Dieu, cela ne vient que de l'erreur où nous sommes que les objets à l'occasion desquels il nous fait sentir du plaisir, sont les causes veritables des sentimens agréables que Dieu nous donne.

Nous pouvons aimer les hommes en leur desirant certains biens que nous nous imaginons être causes veritables ou occasionnelles de leur bonheur: mais le mot d'aimer pris en ce sens ne convient nullement à Dieu, à qui on ne peut desirer aucun bien, puisqu'il ne lui manque rien; je n'ay pas crû en devoir parler dans ce Traité.

CONSEQUENCE I.

Aimer quelqu'autre chose que Dieu, c'est rendre aux creatures une espece de culte qui n'appartient qu'à lui seul.

DEMONSTRATION.

Par la 2. Definition 2.

Aimer quelque chose, c'est la regarder comme capable de nous faire quelque vrai bien, & desirer de s'y unir comme à la cause veritable de nôtre bonheur.

Or, regarder quelqu'autre chose que Dieu comme capable de nous faire quelque vrai bien, & la chercher comme la cause veritable de nôtre bonheur, c'est lui attribuer ce qui n'appartient qu'à Dieu seul. Par la Demande 4.

Donc aimer quelqu'autre chose que Dieu, c'est rendre aux creatures une espece de culte qui n'appartient qu'à lui seul.

CONSEQUENCE II.

Soit que nous agissions par des motifs de justice ou d'amour propre, nous ne devons aimer que Dieu.

DEMONSTRATION.

Quand on aime par des motifs de justice, l'on aime les choses à proportion qu'elles sont parfaites ; & quand on aime par des motifs d'amour propre, l'on aime tout ce qui nous fait du bien & nous rend veritablement heureux.

Or, Dieu seul est infiniment par- Par la Définition 1 du Traité de Dieu, & par la demande 4. fait, & seul capable de nous faire du bien & de nous rendre heureux.

Donc, soit que nous agissions par des motifs de justice ou d'amour propre, nous ne devons aimer que Dieu seul.

CONSEQUENCE III.

Nous ne devons avoir de joie de la possession d'aucun bien particulier.

DEMONSTRATION.

Par la Definition 6.

On ne doit avoir de joie que lorsqu'on est certain qu'on jouit du vrai bien, puisque la joie n'est qu'un sentiment agreable que l'ame reçoit, lorsqu'elle possede ou peut posseder le bien qu'elle desire.

Par la Demande 4.

Or nul bien particulier n'est un vrai bien, puisqu'aucun n'est cause veritable de nôtre bonheur.

Donc nous ne devons avoir de joie de la possession d'aucun bien particulier.

CONSEQUENCE IV.

Toute joie qui naît d'autre chose que de la connoissance de Dieu & de ſon amour, eſt fauſſe & dereglée.

DEMONSTRATION.

Se réjouïr de quelqu'autre choſe que de connoître Dieu & de l'aimer, c'eſt croire qu'il y a quelqu'autre choſe que lui qui ſoit cauſe veritable de nôtre bonheur. Par la Définition 6.

Or, croire qu'il y ait quelqu'autre choſe que Dieu qui puiſſe être cauſe veritable de nôtre bonheur, c'eſt un jugement faux qui ne peut produire qu'un mouvement dereglé. Par la Demande 4.

Donc toute joie qui naît de quelqu'autre choſe que de la connoiſſance de Dieu & de ſon amour, eſt fauſſe & dereglée.

CONSEQUENCE V.

Nous ne devons nous chagriner de la perte d'aucun bien particulier.

DEMONSTRATION.

On ne doit avoir de triſteſſe que lorſqu'on eſt privé de quelque bien veritable. Par la Définition 7.

Or, il n'y a aucun bien particulier qui ſoit un vrai bien. Par la demande 4.

Donc nous ne devons nous chagriner de la perte d'aucun bien particulier.

PROPOSITION III.

Nous devons craindre Dieu.

DEMONSTRATION.

Par la Définition 3. Nous devons craindre ce qui peut nous faire du mal, ou nous priver de nôtre vrai bien.

Par les Demandes 2. & 3. Or Dieu peut par son efficace propre nous causer du mal ou nous priver de nôtre vrai bien.

Donc nous devons craindre Dieu.

CONSEQUENCE I.

Il ne faut craindre que Dieu seul.

DEMONSTRATION.

Par la Définition 3. On ne doit craindre que ce qui peut par son efficace propre, nous faire du mal & nous rendre malheureux.

Par la demande 4. Or, il n'y a que Dieu qui par son efficace propre puisse nous faire du mal, & nous rendre malheureux.

Donc il ne faut craindre que Dieu seul.

CONSEQUENCE II.

La crainte eſt une eſpece de ſoûmiſſion de l'ame, qui n'eſt dûë qu'à la puiſſance Divine.

DEMONSTRATION.

Toute crainte ne vient que de ce que nous regardons quelque choſe comme capable d'agir ſur nous, & de nous faire du mal. Par la définition 3.

Or, il n'y a que Dieu qui puiſſe par ſon efficace propre, agir ſur nous & nous faire du mal. Par la Deman. de 4.

Donc la crainte eſt une eſpece de ſoûmiſſion qui n'eſt dûë qu'à la puiſſance Divine.

ECLAIRCISSEMENT.

La crainte qui n'eſt qu'un jugement de l'eſprit, qui voit ou s'imagine voir qu'une choſe eſt capable de lui faire du mal ou de le rendre malheureux, doit être diſtinguée d'avec les mouvemens du corps, qui ſont d'ordinaire des ſuites de ce jugement. Car l'eſprit jugeant qu'un objet peut être cauſe veritable de lui cauſer de la douleur, ou de produire dans le corps auquel il est uni, quelque changement contraire à sa conservation ; il peut, & même souvent il doit fuïr cet objet : ce qui à proprement parler n'est pas le craindre & le reconnoître comme capable de lui faire aucun mal, mais seulement éviter ce qui est occasion à Dieu, à cause des loix par lesquelles il gouverne l'Univers, de produire certains mouvemens contraires à la bonne disposition d'un corps aucun il nous a uni, & dont il nous porte à desirer la conservation.

Mais si l'esprit juge que quelqu'autre chose que Dieu ait une puissance veritable de lui faire quelque mal ou de le rendre malheureux, il forme un faux jugement, & attribuë à la creature ce qui n'appartient qu'à Dieu seul, puisqu'il n'y a que lui seul qui ait une puissance veritable d'agir sur l'esprit.

Que si ce jugement est cause qu'il s'estime moins que cet objet, & qu'il lui rende quelque honneur, soit en s'abbaissant en quelque façon interieurement devant lui, soit en lui offrant ce qu'il s'imagine être capable de gagner sa bienveillance ou de l'empêcher de lui faire du mal : Alors cette soûmission de l'esprit est en quelque façon une idolatrie, puisque c'est une espece de culte qu'on rend à une autre puissance qu'à la puissance Divine, à qui seule tout honneur appartient.

CONSEQUENCE III.

Ne vouloir pas les adversitez & les maux qui nous arrivent, c'est manquer de soûmission à la volonté de Dieu.

DEMONSTRATION.

On manque de soûmission à la volonté de Dieu, quand on souhaite autre chose que ce qu'il veut.

Or, Dieu veut certainement les maux & les adversitez qui nous arrivent, puisqu'il n'y a rien de réel dans l'Univers qu'il ne veüille. Par la Demande 3.

Donc ne vouloir pas les maux & les adversitez qui nous arrivent, c'est manquer de soûmission à la volonté de Dieu.

PROPOSITION IV.

Il faut croire tout ce que Dieu nous a revelé, quelque incomprehensible que cela puisse être à nôtre esprit.

DEMONSTRATION.

Par la Demande 1.

La puissance de Dieu est infinie, & l'esprit de l'homme borné.

Par la Proposition du 5. Traité de l'esprit humain.

Or, une puissance infinie peut faire une infinité de choses qu'un esprit borné ne peut comprendre.

Donc, il faut croire tout ce que Dieu nous a revelé, quelque incomprehensible que cela puisse être à nôtre esprit.

CONSEQUENCE.

L'incomprehensibilité des veritez que Dieu nous a revelées, n'est pas une bonne raison pour les revoquer en doute.

DEMONSTRATION.

L'incomprehensibilité d'une chose n'est une raison de douter qu'elle soit, que lorsqu'on voit clairement qu'il est impossible qu'elle soit telle qu'on la propose.

Or, la puissance de Dieu étant infinie, un esprit borné ne peut jamais voir qu'aucune chose lui soit impossible.

Par la Demande 1. & par la prop. 7. de la Sect. du Traité de l'esprit humain.

Douc, l'incomprehensibilité des choses que Dieu a revelées, ne peut être une bonne raison pour les revoquer en doute.

ECLAIRCISSEMENT
Sur les Propositions II. & III. de ce Traité.

Quelques personnes soûtiennent que la raison seule sans être aidée des lumieres de la foi, ne peut connoître que nous devons aimer Dieu de toutes nos forces, ou pour parler plus clairement, que tout le mouvement de nôtre amour doit tendre vers Dieu, & n'avoir que lui seul pour objet.

Il est vrai que sans le secours de la revelation Divine, la plûpart des hommes ignoreroient cette grande verité; mais cela ne prouve pas qu'il soit impossible à des Philosophes de la découvrir par la seule application naturelle de leur esprit.

Car est-il si difficile à la raison humaine, lorsqu'elle s'éleve au-dessus des préjugez & des illusions des sens & des passions, de voir évidemment qu'il n'y a que Dieu seul qui merite nôtre amour ?

Qu'on prenne le mot d'aimer dans lequel on voudra des deux sens qu'on lui peut donner à l'égard de Dieu, il est également clair que nous devons l'aimer selon toute la capacité que nous avons d'aimer.

Si l'on prend ce mot pour l'estime que nous avons pour ce qui est parfait à proportion des perfections qu'il renferme : N'est-il pas évident que Dieu étant infiniment parfait, il doit être estimé infiniment, & preferé infiniment à toutes choses ?

Si l'on veut que ce terme *aimer*, signifie seulement le mouvement de l'esprit vers ce qu'il juge être son bien, ou la cause veritable de sa felicité, il n'est pas moins aisé de voir que Dieu seul étant nôtre vrai bien, & la seule cause veritable de nôtre bonheur, nous ne devons aimer que lui seul.

Ainsi rien n'empêche la raison humaine de connoître que nous devons aimer Dieu de toutes nos forces, &

qu'il doit être l'unique objet de nôtre amour.

PROPOSITION V.

Dieu ſeul eſt la cauſe veritable de toutes nos connoiſſances.

DEMONSTRATION.

Toutes nos connoiſſances dépendent de nos idées & de nos perceptions.

Par la Propoſition 5. du Traité de l'eſprit humain.

Or, Dieu ſeul eſt cauſe veritable de toutes nos idées, & de nos perceptions.

Par la Propoſition 4. du Traité de l'eſprit humain.

Donc Dieu ſeul eſt cauſe veritable de toutes nos connoiſſances.

CONSEQUENCE I.

L'eſprit de l'homme n'eſt point à lui-même ſa raiſon & ſon intelligence.

DEMONSTRATION.

La raiſon & l'intelligence des hommes dépend de leurs connoiſſances.

Or, l'eſprit de l'homme n'eſt point la cauſe veritable de ſes connoiſſances.

Par la Propoſition 5.

Donc, l'eſprit de l'homme n'eſt point à lui-même ſa raiſon & ſon intelligence.

CONSEQUENCE II.

Nul homme n'eſt ni la raiſon ni l'intelligence d'aucun autre.

DEMONSTRATION.

La raiſon des hommes dépend de leurs idées & de leurs perceptions.

Par la Propoſition 5. du Traité de l'eſprit humain, & par la Demande 2.

Or, nul homme n'eſt cauſe de ſes idées & de ſes perceptions, & encore moins des idées & des perceptions d'autrui, puiſqu'il n'y a que Dieu ſeul qui en ſoit Auteur.

Donc, nul homme n'eſt ni la raiſon, ni l'intelligence d'aucun autre.

CONSEQUENCE III.

A parler exactement nul homme n'en peut inſtruire ni éclairer aucun autre.

DEMONSTRATION.

On ne peut inſtruire ni éclairer aucun homme, qu'en produiſant dans ſon eſprit des idées ou des nouvelles perceptions, par leſquelles il découvre les rapports qui ſont entre ſes idées.

Par la Conſe-

Or, nul homme ne peut produire

dans l'eſprit d'un autre ni des idées, ni des perceptions. quences.

Donc nul homme ne peut inſtruire ni éclairer aucun autre.

Consequence IV.

Nous ne tirons point nos connoiſſances des objets de nos ſens.

Demonstration.

Nous ne pouvons tirer nos connoiſſances, que de ce qui eſt cauſe veritable de nos idées & de nos perceptions.

Or, les objets de nos ſens ne ſont point cauſes veritables de nos idées & de nos perceptions, puiſqu'il n'y a que Dieu ſeul qui en ſoit Auteur. Par la Demande 4.

Donc nous ne tirons point nos connoiſſances des objets de nos ſens.

Consequence V.

Nous ne devons qu'à Dieu ſeul toutes les connoiſſances que nous pouvons acquerir.

Demonstration.

Nous ne devons toutes nos connoissances qu'à celui qui en est seul Auteur.

Par la Proposition 5.

Or, il n'y a que Dieu seul qui soit Auteur de toutes nos connoissances.

Donc nous ne devons qu'à Dieu seul toutes les connoissances que nous pouvons acquerir.

PROPOSITION VI.

Les differens rapports de perfection qui sont contre les idées de Dieu doivent être la regle unique de tous les jugemens, & de tous les mouvemens libres des esprits.

DEMONSTRATION.

Par l'explication du mot de justice, & par la Proposition 16. du Traité de Dieu.

Tous les jugemens & tous les mouvemens libres des esprits, doivent être justes, & ne peuvent l'être s'ils n'estiment & n'aiment les choses à proportion qu'elles sont parfaites.

Par la Proposition 15. & 16. du Traité de l'esprit humain.

Or, les esprits ne peuvent comparer les choses entr'elles pour juger de la difference de leur perfection, s'ils ne connoissent les differens rapports qui sont entre leurs idées, que Dieu seul renferme.

Donc les differens rapports qui sont

entre les idées de Dieu doivent être la regle unique de tous les jugemens, & de tous les mouvemens libres des esprits.

CONSEQUENCE I.

Il est du devoir indispensable de tous les esprits de donner toute l'application necessaire pour découvrir les differens rapports de perfection qui sont entre les idées de Dieu.

DEMONSTRATION.

Il est du devoir indispensable de tous les esprits de tâcher de connoître le plus parfaitement qu'il leur est possible ce qui doit être la regle unique de tous leurs jugemens, & de tous leurs mouvemens libres.

Or, ils ne peuvent connoître le plus parfaitement qu'il leur est possible ce qui doit être l'unique regle de tous leurs jugemens, & de tous leurs mouvemens libres, s'ils ne donnent toute l'application necessaire pour découvrir les differens rapports de perfection qui sont entre les idées de Dieu, puisqu'ils sont l'unique regle de tous leurs jugemens & de toutes leurs volontez.

Par la Proposition précedente.

Donc, il est du devoir indispensable des esprits, de donner toute l'application necessaire pour découvrir les differens rapports qui sont entre les idées de Dieu.

CONSEQUENCE III.

L'ordre qui est entre les perfections Divines doit être la regle unique de nôtre estime & de nôtre amour.

DEMONSTRATION.

Par la Définition du mot d'Ordre au Traité de Dieu.

L'ordre qui est entre les perfections Divines n'est autre chose que les differens rapports de perfection qui sont entre les idées de Dieu.

Par la Proposition précedente.

Or, les differens rapports de perfection qui sont entre les idées de Dieu, doivent être la regle unique de l'estime & de l'amour de tous les esprits.

Donc l'ordre qui est entre les perfections Divines, doit être la regle unique de nôtre estime & de nôtre amour.

CONSEQUENCE IV.

Rien n'est plus injuste que de vouloir que l'amour propre ſoit la regle unique de nôtre eſtime & de nôtre amour.

DEMONSTRATION.

On ne peut être juſte ſi l'on n'eſtime & l'on n'aime toutes choſes à proportion qu'elles ſont parfaites.

Par la Définition du mot de juſtice au Traité de Dieu.

Or, ſi l'amour propre étoit la regle de nôtre eſtime & de nôtre amour, nous n'eſtimerions & n'aimerions aucune choſe à proportion qu'elle ſeroit parfaite, mais à proportion ſeulement qu'elle nous ſeroit utile ou agreable.

Donc rien n'eſt plus injuſte que de vouloir que l'amour propre ſoit la regle unique de nôtre eſtime & de nôtre amour.

CONSEQUENCE V.

Ne connoître point d'autre loi que les jugemens & les mouvemens de l'amour propre, c'eſt renverſer toute juſtice.

DEMONSTRATION.

C'eſt renverſer toute juſtice que de n'eſtimer & n'aimer pas les choſes à proportion qu'elles ſont parfaites.

Par la Définition du mot de

Justice au Traite de Dieu.

Or, quand on ne connoît point d'autre loi que les jugemens & les mouvemens de l'amour propre, l'on n'estime & l'on n'aime point les choses à proportion qu'elles sont parfaites, mais seulement selon qu'elles nous sont utiles ou agreables.

Donc ne connoître point d'autre loi que les jugemens & les mouvemens de nôtre amour propre, c'est renverser toute justice.

ECLAIRCISSEMENT.

Quelques Philosophes modernes trompez par les illusions de leur amour propre, se sont avisez de soûtenir qu'il devoit être la regle unique de toutes nos actions,

Ne consultant en aucune façon, ni l'idée, ni le sentiment que tous les hommes ont naturellement de l'ordre & de la justice, ils se sont aveuglez jusques à se persuader que la vertu ne consiste qu'à chercher nos propres interests.

Selon leur sentiment, la droite raison ne veut pas que l'homme se propose d'autre fin dans toutes ses actions que

que ſon plaiſir ou la conſervation de ſon être. Il a droit à tout & pour ſe ſatisfaire ou pour ſe conſerver, il n'eſt point de moïens qu'il ne puiſſe emploïer legitimement.

Il eſt vrai qu'il ne doit pas toûjours faire tout ce qui lui plaît davantage, parce qu'il peut arriver que d'autres plus forts que lui venant à s'oppoſer à ſes deſirs, lui raviroient peut être la vie dont la conſervation eſt préferable à tous les plaiſirs les plus delicieux. Ainſi il arrive ſouvent que la raiſon veut qu'il renonce à ſon plaiſir & à ſon intereſt, & qu'il cede une partie de ſes droits pour conſerver le ſurplus : Mais devient-il le plus fort, il rentre naturellement dans tous, & ſon pouvoir n'a d'autres bornes legitimes que l'impuiſſance où il ſe trouve d'executer ce qu'il ſouhaite.

Des maximes ſi fauſſes & ſi pernicieuſes trouvent aiſément entrée dans des eſprits corrompus & pleins de l'amour d'eux-mêmes; mais elles font horreur à quiconque conſerve encore quelque amour de l'ordre & de la juſtice.

Il est aisé de renverser des principes si opposez aux lumieres naturelles d'un esprit qui n'est ni prévenu ni gâté par de mauvais commerces.

Pour peu qu'on soit capable de reflexion, on voit assez qu'il ne faut ni estimer ni aimer les choses qu'à proportion des perfections que l'on y découvre, & parconsequent que nous ne devons nullement regler ni nôtre estime ni nôtre amour sur les rapports que les objets peuvent avoir avec nôtre plaisir ou nôtre interest.

Quelques-uns de ces Pilosophes qui entreprennent en quelque façon de faire regner l'amour propre, & qui ne connoissent point d'autres loix que ses mouvemens, se raillent des rapports de perfections dont je prétens faire la regle de nos jugemens & de nos volontez, & les regardent comme des visions d'un esprit trop abstrait, & d'une imagination échauffée par une application trop forte à ce qui ne tombe point sous les sens.

Mais afin qu'on puisse mieux juger si ce qui leur semble abstrait est chimerique, ou si ces rapports de perfection ont quelque ſolidité, il ne faut que conſiderer la diverſité des perfections du corps & de l'eſprit, qu'il eſt difficile de pouvoir regarder comme de pures chimeres.

On ne peut nier, ce me ſemble, & je croi l'avoir prouvé, que le corps n'eſt capable que de deux ſortes de modifications, ſçavoir de figures & de mouvemens. Or, il eſt clair que cela ſeul ſuffit pour montrer qu'il eſt moins parfait que l'eſprit, que nous ſçavons par experience pouvoir être touché de cent autres modifications differentes qui ne peuvent convenir au corps.

Cependant, comment ſommes-nous perſuadez de cette verité, ſi ce n'eſt en contemplant l'idée de l'étenduë, & en examinant les perfections dont elle eſt capable, & les comparant avec les diverſes modifications que nôtre eſprit reçoit ſans ceſſe, & que nous ne pouvons preſque douter être fort differentes de celles qui appartiennent à l'étenduë.

N'eſt-ce pas ſur ces rapports que tout ce qu'il y a d'hommes qui écoutent la raison sans se laisser étourdir par les sentimens confus qu'excitent les préjugez & les passions, se sont persuadez que l'esprit est plus parfait que le corps, & parconsequent qu'il merite plus d'estime?

Je ne crois pas devoir approfondir davantage cette matiere, qu'on trouvera traitée avec toute la penetration & toute la justesse qu'elle merite, par l'Auteur de la *Recherche de la Verité*, en plusieurs endroits de ses Ouvrages, & particulierement dans *ses Meditations Chrétiennes*.

FIN.

ERRATA.

Page 195. il faut mettre l'autre Démonstration avant l'Eclaircissement de la page 194.

Préface.

avertissement.

Premier traité.

De Dieu et de ses perfections.

Second traité.

De l'esprit humain et de ses proprietez.

63 preface.

69 section premiere

De l'esprit consideré entant qu'il connoit.

101 section seconde

De l'esprit consideré entant qu'il veut.

120 section troisieme

De l'esprit [con]sideré entant qu'il est uni au corps.

138 troisieme traité.

De la felicité de l'homme.

quatrieme traité

De la vertu philosophique ou qu'on peut connoitre par (les seules lumieres de) la raison.

155 section premiere

en quoi consiste la vertu.

171 section seconde

Des choses qui peuvent nous disposer a la vertu, ou nous en eloigner.

185 cinquième traité.

Des devoirs de l'homme envers Dieu.

189 section première

Des devoirs de l'homme envers Dieu considéré comme être infiniment parfait.

196 section seconde

Des devoirs de l'homme envers quelques perfections divines en particulier.

FIN.

L'honnêteté qui fait qu'un homme est honnête homme, est la justesse de l'esprit et l'équité du cœur. Ainsi être honnête homme c'est n'être point prévenu, avoir du discernement, juger bien de toutes choses, avoir l'esprit et le cœur droit. C'est louer avec chaleur son concurrent ou son ennemi dans les choses où il est louable. C'est le condamner sans aigreur et sans emportement quand il est condamnable : c'est enfin ne pas exagérer le mérite de son ami et ne pas soutenir ses sottises.

Tout roule là-dessus. La justesse de l'esprit et l'équité du cœur. L'une est une vertu en l'esprit qui combat les erreurs, et l'autre une vertu au cœur, qui empesche l'excès des passions soit en bien soit en mal.

L'une et l'autre sont nécessaires car l'une sans l'autre fait un homme fort éclairé et abandonné à ses passions, ce qui est un monstre : ou un homme dont le cœur est droit, mais qui manquant de lumières fait mille fautes et s'abuse souvent. L'un pèche par malice, et l'autre par simplicité. Des deux on fait un parfaitement honnête homme, sans passions au cœur et sans erreurs en l'esprit. L. Ménage

Il n'y a pas dans tout la Bruyère un plus bel endroit que celui-ci.

la Monnoye Menag. A. IV. 152

www.ingramcontent.com/pod-product-compliance
Ingram Content Group UK Ltd.
Pitfield, Milton Keynes, MK11 3LW, UK
UKHW020317230726
13925UKWH00002B/470